So geht´s zu B1 – Lesen

Prüfungsvorbereitung Goethe-/ÖSD-Zertifikat B1

Übungsbuch

Uta Loumiotis

Adalbert Mazur

 Alles Digitale zu diesem Buch kann auf der Lernplattform **allango** von Ernst Klett Sprachen abgerufen werden. So geht's:

| QR-Code scannen oder **www.allango.net** aufrufen | Buchtitel oder ISBN in der Suche eingeben und auf das Buchcover klicken | Zum Inhalt navigieren, direkt abrufen oder speichern |

Ernst Klett Sprachen
Stuttgart

So geht´s zu B1 – Lesen

Prüfungsvorbereitung Goethe-/ÖSD Zertifikat B1

Übungsbuch

1. Auflage   1 $^{9\ 8\ 7\ 6\ 5}$ | 2028 27 26 25 24

© Klett Hellas GmbH, Athens, Greece 2018
© International edition: Ernst Klett Sprachen GmbH, Rotebühlstraße 77, 70178 Stuttgart 2018
Alle Rechte vorbehalten. Die Nutzung der Inhalte für Text- und Data-Mining ist ausdrücklich vorbehalten und daher untersagt.
www.klett-sprachen.de

Redaktion: Uta Loumiotis
Redaktionelle Beratung: Andy Bayer
Redaktionelle Mitarbeit: Zoi Kokkalidou
Gestaltung und Satz: Cellworks, Athen
Umschlaggestaltung: Greta Gröttrup
Titelbild: stock.adobe.com, monticellllo, Dublin
Druck und Bindung: Elanders GmbH, Waiblingen

Printed in Germany
ISBN 978-3-12- 675587 -0

Vorwort

So geht's zu B1 – Lesen richtet sich sowohl an Jugendliche als auch an Erwachsene (ab A2 Niveau), die die Fertigkeit Lesen trainieren wollen und mehr Sicherheit im Umgang mit verschiedenen Sorten von Lesetexten gewinnen möchten. Das Übungs- und Testbuch führt sicher zum B1-Niveau und unterstützt bei der Prüfungsvorbereitung auf das Modul Lesen des Goethe-/ÖSD-Zertifikats B1.

So geht's zu B1 – Lesen ermöglicht ein effizientes Training der Fertigkeit Lesen durch gezielte Aufgaben im thematischen Kontext. Das Übungs- und Testbuch enthält 10 thematische Einheiten. Jeder Einheit liegt ein bestimmtes Leitthema zugrunde, das die Orientierung im Hinblick auf die Prüfungsvorbereitung erleichtert. Ein breites Spektrum von Inhalten deckt alle Themenfelder ab, die für das Goethe-/ÖSD-Zertifikat B1 relevant sind.

So geht's zu B1 – Lesen enthält in jeder Einheit umfangreiche prüfungsadäquate Aufgaben des Prüfungsteils Lesen. Abwechslungsreiche und sehr ansprechende Übungen zu Wortschatz, Strukturen und Lesestrategien bilden einen wesentlichen Bestandteil innerhalb der Einheiten und werden den Aufgaben entsprechend angeboten: Wortschatzarbeit zum Einstieg in die thematische Einheit und zur Vorentlastung der Aufgabenteile Lesen. Darüber hinaus enthalten die ersten vier Einheiten stark gelenkte Übungen zur Förderung der Lesekompetenz mit Strategietipps und Hinweisen zum effektiven Leseverstehen.
Außerdem wurden zu den verschiedenen Aufgabentypen hilfreiche Tipps und Hinweise aufgenommen, die den Lernprozess fördern sollen und die Lernenden beim Arbeiten mit dem Übungsbuch anleiten.

Mit Hilfe dieses Übungsbuches können Sie:
- die Fertigkeit Lesen – und vor allem die Lesestile (global, selektiv detailliert und sorgfältig-genau) – intensiv trainieren,
- Wortschatz im Kontext üben und festigen,
- sich in alle prüfungsrelevante Themen einarbeiten,
- sich mit den Prüfungsformen und Aufgabenstellungen des Moduls *Lesen* vertraut machen.
- lernen, die Aufgaben im Prüfungsformat zu meistern.

So geht's zu B1 – Lesen bietet zudem ein interessantes Übungs- und Ergänzungsmaterial (ansprechende landeskundliche Informationen zu D-A-CH).

Dieses Übungsbuch ist weder an ein Lehrbuch noch an andere Unterrichtsmaterialien gebunden. Es kann unterrichtsbegleitend eingesetzt werden, eignet sich aber auch als Selbstlernmaterial.

Viel Erfolg bei der Arbeit mit diesem Buch und natürlich auch bei der Prüfung wünschen Ihnen

die Autoren und der Verlag

Wichtige und hilfreiche Hinweise für den Lerner

Einstiegsseiten

Die Einstiegseiten zu jeder Einheit in *So geht's zu B1 – Lesen* bieten jeweils einen Text, in dem die Wörter, die für die thematische Einheit relevant sind, fettgedruckt sind.

Zu diesen Wörtern wird immer eine entsprechende Aufgabe konzipiert, die Sie auf das Thema einstimmt. Auf der zweiten Einstiegsseite erfolgt dann eine Leseaufgabe, die Sie mit dem Format der Prüfungsaufgaben vertraut machen soll. Die Progression des Wortschatzes ist innerhalb jeder Einheit ansteigend (von A2 zu B1). Damit ist am Ende jeder Einheit der Wortschatz zum jeweiligen Themenbereich abgedeckt.

Wortschatz

Der Wortschatz sollte stets im Kontext gelernt werden. Am besten prägen Sie sich den Wortschatz ein, indem Sie verschiedene Strategien zum Erwerb des Wortschatzes anwenden. Dazu gehören vor allem:
  - das Lernen von entsprechenden Synonymen,
  - das Lernen von Antonymen,
  - Paraphrasieren, also Umschreibung von Begriffen,
  - die Klassifizierung und Kategorisierung von Wörtern. Das bedeutet, Sie überlegen sich,
    zu welcher Familie ein entsprechendes Wort gehört: z.B. Mathematik gehört zur Kategorie Schulfächer.

Strukturen

Da es beim Modul Lesen vor allem auf die gute Kenntnis des B1-Wortschatzes ankommt, erscheinen in *So geht's zu B1 – Lesen* nur Übungen zu Strukturen, die für das Leseverstehen bzw. das Verstehen der Items relevant sind. Aus diesem Grund wird der Schwerpunkt auf diejenigen syntaktischen Phänomene gelegt, die zum Textverständnis notwendig sind. Dazu gehören unter anderem Aufgaben zur Textkohärenz, also zum Beispiel Aufgaben, in denen Sie die Pronomen und Artikelwörter, die sich auf vorangehende Nomen beziehen, erkennen sollen: z.B. Der Vater war sehr verärgert. Er hat sein Handy verloren.

Ferner bietet *So geht's zu B1 – Lesen* Aufgaben, bei denen das richtige Erfassen von Strukturen die Intention der Verfasser der Texte klar erkennen lässt. Das gilt insbesondere für verschiedene Formen von Angaben, wie etwa kausal, konzessiv oder adversativ.

Lesetraining

  - Machen Sie sich mit den Prüfungszielen und Lesestilen der jeweiligen Aufgabenteile des Goethe-/ÖSD-Zertifikats B1 vertraut. So konzentrieren Sie sich auf die relevanten Stellen in den Items und in den Lesetexten.
  - Überlegen Sie auch, weshalb die nicht zutreffenden Items falsch sind.
  - Lesen Sie aufmerksam die Tipps und Hinweise.

In der Übungsphase können Sie die Texte je nach Bedarf immer wieder lesen.

Im Übungsbuch werden Strategien mit Hilfe einer Checkliste geübt, mit der Sie sich vertraut machen sollten, da sie Ihnen dabei helfen kann, während der Prüfung kostbare Zeit zu sparen. Im Lehrerhandbuch finden Sie fertige Vordrucke dieser Checklisten.

Die Lösungen sind digital verfügbar (siehe Seite 1).

Modelltests

Die Modelltests dienen der Prüfungssimulation und sind für Sie gleichzeitig ein Indikator für Ihre Progression im Hinblick auf die Prüfungsvorbereitung und die Beherrschung des Wortschatzes.

Sie sollten nach Abschluss jedes Teils der Modelltests auch eine Nachbereitung durchführen, unabhängig davon, wie gut Sie die Tests abgeschlossen haben. Denn es kommt nicht nur darauf an, die Aufgaben richtig zu lösen, sondern auch nachzuvollziehen, weshalb die entsprechende Lösung die richtige ist und weshalb die anderen Items falsch sind.

Inhalt

Freizeit

Warum uns die Freizeit so wichtig ist

Jeder von uns braucht Freizeit, um **etwas** zu **unternehmen**, was **Spaß macht**. Was das konkret bedeutet, ist natürlich ganz persönlich, denn jeder von uns hat seine Vorlieben. Manche sind gern sportlich **aktiv**, andere hingegen wollen ihre **Ruhe haben**. Ich zum Beispiel **liebe** es, **am Strand** zu liegen und ein **spannendes** Buch zu lesen oder ganz einfach vor mich hin zu träumen. Mein Freund findet es dagegen **fantastisch**, wenn er im Sommer antike Städte **besichtigt** oder Konzerte besucht, die im Freien **stattfinden**.

1 **Ordnen Sie den unten stehenden Ausdrücken 1 bis 10, die Begriffe aus dem Text zu, die das Gleiche oder etwas Ähnliches bedeuten.**

1	am Meer	*am Strand*
2	besuchen	_____
3	etwas gern haben	_____
4	interessant	_____
5	machen/organisieren	_____
6	mit Freude	_____
7	nicht mehr gestresst	_____
8	nicht passiv	_____
9	sein	_____
10	wunderbar	_____

2 **Lesen Sie den Text und die Aufgaben 1 bis 5 dazu.
Wählen Sie: Sind die Aussagen _Richtig_ oder _Falsch_?**

Schwimmen mit Schnappi[1]

Mit Delfinen spielen? Das ist zwar süß, aber etwas für Kinder. Mit Haien schwimmen? Das war einmal cool, ist aber inzwischen megaout. Einen Jurassic Park zu besuchen und einen Dinosaurier aus nächster Nähe zu erleben – das wäre doch etwas! Das geht aber leider nicht, weil diese Riesentiere nicht mehr existieren. Also hat man sich in Australien etwas ganz Besonderes ausgedacht:
Im australischen Darwin können die Gäste des Wasserparks „Crocosaurus Cove", mit riesigen Krokodilen schwimmen und zuschauen, wie die Mitarbeiter des Wasserparks diese Tiere füttern. Dabei befinden sich die Besucher in einem sicheren Käfig aus Plexiglas, der auf Englisch „Cage of Death", also Todeskäfig heißt. Angst bekommen trotzdem viele Besucher, wenn sie diese Tiere mit ihren riesengroßen Zähnen sehen. Viele Tierfreunde glauben jedoch nicht, dass den Krokodilen das Leben im Wasserpark gefällt.

[1]_Schnappi: Kindersprache für Krokodil_

1	Im Text geht es um einen Zoo.	Richtig	Falsch
2	In Australien kann man Haie und Delfine beobachten.	Richtig	Falsch
3	Das Füttern der Krokodile ist für die Besucher gefährlich.	Richtig	Falsch
4	Viele Gäste haben Angst vor den Tieren.	Richtig	Falsch
5	Es gibt Menschen, die glauben, dass die Krokodile das Leben im Park nicht mögen.	Richtig	Falsch

A Wortschatz und Strukturen

1 Wörter erkennen. Synonyme finden.

a Lesen Sie zuerst den Titel. Worum könnte es im Text gehen?

Thema: _____

Schuhwerk zum Verlieben

Hallo meine Lieben! Ich bin´s wieder, eure Effi. Heute möchte ich euch über meine Lieblingsschuhe berichten. Ich **ziehe** nämlich am liebsten Crocs **an**. Viele von euch werden jetzt denken: Du meine Güte, was ist an diesen Plastikschlappen so toll? Sie haben eine grobe Form und sehen ziemlich unattraktiv aus. Aber das **stimmt** gar nicht. Es gibt die Crocs in verschiedenen Farben und Mustern und jeder kann ein Paar finden, das zu seinem **persönlichen** Stil passt. Und so unfein sind sie auch

nicht, denn sogar der junge Prinz George aus Großbritannien trägt sie. Dadurch wurden diese Schuhe natürlich noch populärer, und der Verkauf der Crocs stieg um unglaubliche 1500 %, nachdem man den kleinen Prinzen mit seinen navyblauen Allzweckschuhen in der Presse gezeigt hatte. Aber ich bin selbstverständlich nicht **aus diesem Grund** von den Crocs begeistert, sondern weil sie so praktisch und bequem sind. Außerdem kann man sie überall tragen und sehr **leicht** pflegen. Dazu **braucht** man nur ein Wischtuch und ein wenig Spülmittel.

Letztes Jahr war ich für **ein paar** Tage auf der Insel Zakynthos und da habe ich natürlich meine türkisblauen Crocs überall getragen. Wisst ihr, ich finde, dass die Crocs und das Meer irgendwie zusammenpassen. Das hat **vielleicht** damit zu tun, dass diese Schuhe **ursprünglich** für das Tragen auf Schiffen und Booten gedacht waren. Sie sollten rutschfest und bequem sein, denn das Meer kann manchmal ganz schön stürmisch werden. Außerdem sollten sie keine Streifen hinterlassen, denn Sauberkeit **spielt** an Bord eines Schiffes natürlich **eine große Rolle**. Das gilt aber auch für das schöne Hotel, in dem ich gewohnt habe. Ich habe nämlich ganze Tage am Strand verbracht und wollte nicht den Sand ins Hotel hineintragen. Also zog ich sie ganz einfach aus und wusch sie mit einem Wasserschlauch vor dem Eingang ab. Immer wenn ich heute meine türkisblauen Crocs anhabe, **denke** ich an jene **märchenhaften** Tage in Griechenland **zurück**.

b Lesen Sie nun den ganzen Text.
War Ihre Vermutung aus 1a richtig?

Hinweis:
Das Erkennen von Synonymen hilft Ihnen,
die Aufgaben zu lösen. Oft sind in den Items
dieselben Informationen mit anderen Worten
enthalten.

c Ergänzen Sie. Verwenden Sie dabei die
Synonyme im Kasten in der richtigen
Form. Die markierten Ausdrücke im Text aus 1a helfen.

> **anfangs | benötigen | deswegen | einfach | einige | individuell |**
> **möglicherweise | sich erinnern | tragen | wahr | wichtig | wunderbar**

1 Ich _trage_ nämlich am liebsten Crocs.

2 Aber das ist nicht _____.

3 Jeder kann ein Paar finden, das zu seinem _____ Stil passt.

4 Aber ich bin selbstverständlich nicht _____ von den Crocs begeistert.

5 Außerdem kann man sie überall tragen und sehr _____ pflegen.

6 Dazu _____ man nur ein Wischtuch und ein wenig Spülmittel.

7 Letztes Jahr war ich für _____ Tage auf der Insel Zakynthos.

8 Das hat _____ damit zu tun, dass diese Schuhe _____ für das
Tragen auf Schiffen und Booten gedacht waren.

9 Sauberkeit ist an Bord eines Schiffes natürlich sehr _____.

10 Ich _____ mich an jene _____ Tage in Griechenland.

d Lesen Sie nun den Text noch einmal. Kreuzen Sie die richtige Lösung an.

1	Effi trägt am liebsten Crocs.	Richtig	Falsch
2	Viele glauben, dass Crocs ziemlich hässlich aussehen.	Richtig	Falsch
3	Die Pflege dieser Schuhe ist sehr einfach.	Richtig	Falsch
4	Effi hat ihre Crocs auf Zakynthos gekauft.	Richtig	Falsch
5	Crocs wurden anfangs auf Schiffen getragen.	Richtig	Falsch
6	Effi hat es in Griechenland gefallen.	Richtig	Falsch

2 Verben des Sagens und Meinens

Hinweis:
Wenn Sie die Verben des Sagens und Meinens richtig verstehen, fällt es Ihnen leichter, die Meinungen und die Positionen in den Texten zu verstehen.

a Ordnen Sie den Erklärungen das passende Verb zu.

> **behaupten | berichten | sich erkundigen | erzählen | glauben | kritisieren | sagen | sich unterhalten | zweifeln**

0	etwas zum Ausdruck bringen / etwas mitteilen	a	*sagen*
1	etwas überzeugt sagen	b	_____
2	etwas sachlich/objektiv darstellen / präsentieren	c	_____
3	um Informationen bitten, nach Informationen fragen	d	_____
4	eine Geschichte oder ein persönliches Erlebnis vorstellen	e	_____
5	der Meinung sein, dass …	f	_____
6	unsicher sein oder etwas nicht glauben	g	_____
7	seine Unzufriedenheit ausdrücken	h	_____
8	über etwas sprechen / diskutieren	i	_____

b Welches Verb passt? Ergänzen Sie die Verben aus 2a in der richtigen Form. Mehrfachnennungen sind möglich.

0 Ich *unterhalte mich* gern mit Bernd, denn er ist ein so interessanter Gesprächspartner.

1 Du kannst doch nicht _____, dass du der beste Tänzer bist. Es gibt noch andere, die genauso gut sind.

2 Gestern haben die Zeitungen von der Eröffnung der Buchmesse _____.

3 _____ Sie uns doch bitte von den Erlebnissen auf Ihrer Reise nach Tibet.

4 Ein echter Freund _____ immer seine Meinung.

5 Ich _____ nicht daran, dass du alles versucht hast. Aber du musst trotzdem noch besser werden.

6 Ich möchte mich danach _____, ob es einen Anschlusszug nach München gibt.

7 Wir tun unser Bestes, glauben Sie mir. Sie können uns doch nicht ständig _____.

8 Morgen soll das Wetter wieder besser werden? Das _____ ich nicht!

3 Strukturen
Artikelwörter und Pronomen

> **Tipp:**
> Akkusativ als Personalpronomen immer
> **vor** dem Dativ!
> Der Polizist zeigt **den Touristen den Weg**.
>
> Der Polizist zeigt   **ihn   ihnen**.

a Ersetzen Sie in den folgenden Sätzen die Nomen durch die entsprechenden Personalpronomen.

1 Der Polizist hat den Touristen den Weg zur U-Bahn gezeigt.

   Er hat ihn ihnen gezeigt. _____

2 Die Lehrerin erklärt dem Schüler die Aufgabe.

   _____

3 Die Fans werfen dem Superstar kleine Teddybären zu.

   _____

4 Meine Oma hat mir und meinem Bruder wunderschöne Geschichten erzählt.

   _____

> **Tipp:**
> Damit Sie dem Textverlauf (Kohärenz)
> folgen können, müssen Sie die Pronomen
> und Artikelwörter beherrschen.

b Ergänzen Sie im folgenden Text die fehlenden Pronomen und Artikelwörter aus dem Kasten.

> **das | der | ich | ihnen** (3x) **| sie** (6x) **| sich**

Mit Goethe und Shakespeare gegen Einsamkeit

Senioren aus Offenbach zeigen, dass Kunst keine (Alters-) Grenzen kennt

Dass Senioren Theateraufführungen gern besuchen, ist allseits bekannt. Die Kunst im Allgemeinen erfüllt eine wichtige Aufgabe im Leben der älteren Menschen, denn _sie_ (0) schenkt _____ (1) Freude, begleitet _____ (2) auf ihren Wegen und gibt _____ (3) nicht selten Antworten auf wichtige Lebensfragen. Doch Kunst kann auch Begegnung mit anderen Menschen bedeuten. _____ (4) fanden auch Senioren aus Offenbach, die eine Theatergruppe gegründet haben, in _____ (5) nur Rentner und Rentnerinnen mitmachen. Ältere Menschen brauchen zwischenmenschliche Nähe, und das Theater bietet _____ (6) _____ (7). So können _____ (8) ihre Gefühle, Ängste und Hoffnungen zum Ausdruck bringen und _____ (9) gleichzeitig mit anderen Menschen austauschen. Dadurch fühlen _____ (10) sich weniger einsam. Einer der Teilnehmer berichtet uns: „Auch _____ (11) habe einen Neuanfang gebraucht und das gemeinsame Theatermachen hat ihn mir gegeben." Dabei sind die Senioren aus Offenbach mehr als nur Amateure, denn _____ (12) verfügen über etwas, was die jungen Stars noch nicht haben: Lebenserfahrung.

B Lesetraining

Lesen, Teil 1 Prüfungsziel: Korrespondenz lesen			
Texte	**Aufgaben**	**Zeit**	**Lesestil**
- 1 Text aus dem persönlichen Bereich *(Blogbeitrag, informeller Brief, bzw. E-Mail, Erlebnisbericht)*	- 6 Items: Richtig/Falsch-Format	ca. 10 Minuten	- *beim ersten Lesen (Überfliegen)* **global** - *beim zweiten Lesen* **detailliert** und **sorgfältig-genau**

1 Globales Lesen

Was bedeutet *globales Lesen*?
Man verschafft sich einen **Eindruck** in Bezug auf **Thema**, **Inhalt** oder **Kernaussage** des Textes. Man muss also die **zentrale Aussage** des Textes verstehen.

a Lesen Sie die folgenden Items zum globalen Leseverstehen. Unterstreichen Sie Schlüsselwörter.

Amelie schreibt, weil sie …

☐ Lena zu ihrer <u>Party einlädt</u>.

☐ sich für ein Geschenk bedankt.

☐ in Tan verliebt ist.

☐ Lena abholen möchte.

> **Tipp:**
> Es ist wichtig, dass Sie **vor dem Lesen** die Aufgabenstellung richtig verstanden haben. Dabei hilft Ihnen das Unterstreichen von Schlüsselwörtern.

b Lesen Sie nun Amelies E-Mails an Lena. Ordnen Sie die Items aus 1a den jeweiligen E-Mails a bis c zu. Ein Item passt nicht. Markieren Sie es mit X.

a

Hi Lena!
Am Samstag habe ich ja Geburtstag. Das wird eine große Feier! Kommst du? Das Geschenk hast du mir ja schon gegeben, als ich dich gestern abgeholt habe. Also bitte keine weiteren Geschenke!!!
Übrigens: Tan kommt auch! ;)
A.

b

Hallo Lena!
Nun ist Tan doch nicht zu meiner Party gekommen, obwohl ich ihn eingeladen hatte. Er hat einfach ein Geschenk über Amazon geschickt und das war´s. Aber er weiß doch, wie sehr ich ihn mag. Ich kann ohne ihn nicht leben!
Kommst du mal vorbei? Dann reden wir.
A.
PS: Soll ich mich für das Geschenk bedanken?

c

Ach Lena, ich hatte dir doch geschrieben, dass ich kein Geschenk mehr möchte. Aber die Tasche ist einfach wunderschön! Vielen Dank! Die passt zur neuen Bluse, die ich von Tan zum Geburtstag bekommen habe. Ach, du bist so süß!

c Notieren Sie Schlüsselwörter aus 1b, die Ihnen bei der Lösungsfindung geholfen haben.

E-Mail a: *Geburtstag,* _____

E-Mail b: _____

E-Mail c: _____

d Lesen Sie den Anfang eines Blogbeitrags. Was ist das Thema?

Angelikas Blog. Nordic Walking

Hallo ihr Lieben,
ich habe wieder einmal – wie jeden Winter – zugenommen und wollte jetzt im Frühling eine für mich passende sportliche Aktivität finden, bei der man die überflüssigen Kilo loswerden kann. In meinem Freundeskreis habe ich mich danach erkundigt, was wohl zu mir passen würde.

1 Angelika möchte durch Sport abnehmen.	Richtig	Falsch
2 Angelika findet Sport überflüssig.	Richtig	Falsch
3 Angelika möchte im Winter Sport treiben.	Richtig	Falsch

2 Sorgfältig-genaues Lesen

Was bedeutet sorgfältig-genaues Lesen? Kreuzen Sie an.
- **a** Die Hauptpunkte und wichtige Einzelheiten verstehen.
- **b** Das Thema verstehen.
- **c** Jedes einzelne Wort verstehen.

a   Lesen Sie nun den ganzen Blogbeitrag und kreuzen Sie die richtige Antwort an.

Angelikas Blog. Nordic Walking

Hallo ihr Lieben,
ich habe wieder einmal - wie jeden Winter - zugenommen und wollte jetzt im Frühling eine für mich passende sportliche Aktivität finden, bei der man die überflüssigen Kilo loswerden kann. In meinem Freundeskreis habe ich mich danach erkundigt, was wohl zu mir passen würde.
Da erzählte mir eine Freundin, mit der ich mich immer über alles Mögliche unterhalte, dass ihre Mutter endlich eine Sportart entdeckt hat, die ihr Spaß macht und bei der sie ohne große Anstrengung fit bleiben kann. Sie meinte auch, dass es genau das Richtige für mich wäre, weil ich mich auch nur ungern anstrenge. Ihre Erzählung fand ich recht interessant und ich fing an zu recherchieren. Also Nordic Walking ist eine sogenannte Ausdauersportart, bei der man einfach im gleichmäßigen Rhythmus schnell gehen muss. Damit es mit dem Rhythmus auch gut funktioniert, hat man zwei Stöcke, die die Bewegung unterstützen.
So weit, so gut. Ich fand, dass dieses Nordic Walking ganz gut zu mir passen würde und habe meinen Mann gleich darüber informiert, dass ich ab nächster Woche damit anfangen möchte. Ich zweifelte keinen Augenblick daran, dass ich endlich eine passende Sportart gefunden hatte. Da behauptete mein Mann allen Ernstes, dass dies Blödsinn ist, so durch die Stadt mit zwei Stöcken zu laufen. „Das sieht aber so richtig lächerlich aus", meinte er und behauptete außerdem, dass dieser Sport nur ein Werbetrick der Freizeitindustrie ist, damit die Leute all dieses teure und doch überflüssige Zubehör kaufen: Aluminium-Stöcke, Markenlaufschuhe und Sportanzüge. Aber auch andere Bekannte von mir kritisierten das Nordic Walking und berichteten von Fällen von Leuten, die damit angefangen und es dann wieder aufgegeben hatten, weil es angeblich beim Abnehmen nicht hilft. Ich habe die Ausrüstung trotzdem gekauft, aber jetzt frage ich mich, ob es eine richtige Entscheidung war. Kann mir jemand von euch eine Empfehlung geben? Denn ich weiß wirklich nicht mehr weiter und bin sehr durcheinander.

Eure Angelika

1	Angelika war anfangs sicher, dass Nordic Walking zu ihr passen würde.	Richtig	Falsch
2	Angelikas Mann hat ihre Idee auch gut gefallen.	Richtig	Falsch
3	Einige Bekannte haben Nordic Walking aufgegeben, weil es zu anstrengend war.	Richtig	Falsch

b Notieren Sie die Stellen aus dem Text von 2a, die Ihnen bei der Lösungsfindung geholfen haben.

Item 1: *Ich fand, dass dieses Nordic Walking ganz gut zu mir passen würde./ ...*

_____

Item 2: _____

Item 3: _____

c Bearbeiten Sie nun den Modelltest 1, Lesen, Teil 1 auf Seite 18.

Lesen, Teil 2 Prüfungsziel: Information und Argumentation verstehen			
Texte	**Aufgaben**	**Zeit**	**Lesestil**
-2 kurze Texte aus Zeitung, Zeitschrift oder Broschüre zu Sachthemen von allgemeinem Interesse	6 Items Mehrfachauswahl (3-gliedrig)	ca. 20 Minuten (ca. 10 Minuten pro Text)	**selektiv** und **sorgfältig-genau**

③ Selektives Lesen

Was bedeutet *selektives Lesen*?
Man achtet in einem Text auf **einzelne, spezifische Informationen** (z.B. Zeit, Mengen, Personen, Ortsnamen, Daten, Preise).

Wie trainiert man die selektive Lesehaltung?
- Lesen Sie die Items **vor dem Lesen** des Textes. Welche Informationen erwarten Sie vom Text?
- Überlegen Sie sich **die passenden Synonyme** zu den Schlüsselwörtern in den Items.
- Denken Sie darüber nach, welche Lösung Ihnen plausibel bzw. logisch erscheint.

> **Hinweis:**
> Es ist nicht wichtig, ob die tatsächliche Lösung Ihren Vermutungen entspricht: So entwickeln Sie eine **Erwartungshaltung**, die Ihnen hilft, die nötigen Informationen zu finden.

a Sie lesen im Internet eine Website zu Veranstaltungen in Berlin. Lesen Sie die jeweiligen Aufgaben zu den Texten und finden Sie die richtige Lösung.

Ma Baker Club

Sie möchten am Samstagabend schon früh tanzen gehen? Dann ist der **Ma Baker Club** genau richtig für Sie. Schon ab 21.00 Uhr gibt es eine abwechslungsreiche Mischung aus den 1970er, 1980er und 1990er Jahren gemixt mit topaktuellem Clubsound.
Ab Mitternacht kommt dann die richtige Partystimmung auf: Spätestens ab jetzt heißt es tanzen, Party machen und sich bis zum Morgen amüsieren.

1	**Der Ma Baker Club …**

a spielt ältere und moderne Hits.

b organisiert Partys.

c öffnet schon am Morgen.

„Berlin leuchtet" illuminiert fast 500 Gebäude

Wenn es in Berlin dunkel wird, beginnt die deutsche Hauptstadt zu leuchten. Das Berliner Lichtfestival beleuchtet Sehenswürdigkeiten und Bahnhöfe der Stadtbahn. Geplant ist, dass sogar eine besonders leuchtende S-Bahn durch Berlin fährt. Sieben verschiedene Touren führen die Besucher zu den beleuchteten Gebäuden. Vom Alexanderplatz aus breitet sich das Lichterfest über einen großen Teil der Stadt aus. „Berlin leuchtet" wird von den gleichen Leuten initiiert, die auch das „Festival of Lights" ins Leben gerufen haben. Mit ihrem neuen Konzept wollen sie die Besonderheiten Berlins – ca. 500 Gebäude – neu erstrahlen lassen.

2   **Die Organisatoren von „Berlin leuchtet" ...**

a	finden, dass Berlin bisher zu dunkel war.
b	haben schon ein anderes Festival organisiert.
c	wollen in Zukunft ganz Berlin beleuchten.

Street Food

Die vielen kleinen Street Food Markets unserer Hauptstadt bieten regionale Spezialitäten, raffiniertes Finger Food und zahlreiche authentische Gerichte aus aller Welt. Die Speisen und Getränke auf den Märkten, die über die ganze Stadt verteilt sind, werden meist vor den Augen der Gäste zubereitet und versprechen neue Geschmackserlebnisse auch für wenig Geld. Hungrig-neugierige Besucher können z.B. jeden Donnerstag die Markthalle Neun am *Street Food Thursday* aufsuchen und dort internationale kulinarische Kleinigkeiten probieren und genießen. Diese wurden von Köchen kreiert, die kein eigenes Restaurant haben und diesen Treffpunkt als Plattform nutzen.

3   **Street Food Märkte bieten ...**

a	frisch zubereitetes Essen an.
b	eine Plattform für Genießer.
c	teure Speisen und Getränke an.

b Unterstreichen Sie in den Texten aus 3a die Stellen, die Ihnen bei der Lösungsfindung geholfen haben.

c Lesen Sie zuerst die Items und unterstreichen Sie die Schlüsselwörter.

Beispiel:

0 **Die Rollenspiele sind ...**

- [a] <u>nicht</u> mehr im <u>Trend</u>.
- [b] immer noch sehr <u>beliebt</u>.
- [c] die <u>populärste Freizeitbeschäftigung</u>.

Hinweise:
- **Das erste Item** (in der Prüfung Item 7 und Item 10) betrifft eine **Hauptaussage** oder **globalere Information**. Die übrigen Items fokussieren wichtige **Einzelheiten**.
- Die Aufgaben **folgen nicht immer** dem Textverlauf.

1 **In diesem Text geht es um Spiele, die ...**

- [a] interessanter als Monopoly sind.
- [b] mehr Theater als Spiel sind.
- [c] Kreativität erfordern.

2 **Der Spielleiter ...**

- [a] ist der Gegner im Spiel.
- [b] gibt den Spielern wichtige Informationen.
- [c] ist der Held der Geschichte.

3 **In den Rollenspielen ...**

- [a] gibt es keine Sieger und Verlierer.
- [b] ist der Sieg nicht so wichtig.
- [c] gewinnen die Kreativsten.

d Lesen Sie nun den Text und finden Sie die Synonyme zu den unterstrichenen Schlüsselwörtern aus 3c.

Rollenspiele: Zwischen Spiel, Erzählen und Theater
Was machen viele erwachsene Deutsche in ihrer Freizeit? Sie treffen sich zu Hause mit ihren Freunden und tauchen bei Rollenspielen in eine bunte Fantasiewelt ein. Nach wie vor erfreuen sich die Rollenspiele großer Beliebtheit. Besonders gern werden Fantasy-Stories gespielt. Die Personen, die an diesem Spiel teilnehmen, bekommen Rollen von bestimmten Charakteren, z.B. die Rolle eines Ritters oder eines Königs, in die sie sich richtig gut hineinfühlen sollten. Ansonsten erinnern die Rollenspiele an andere Brettspiele wie Monopoly. Die wichtigste Person in einem Rollenspiel ist der Spielleiter, der das ganze Spiel kontrolliert. Er erzählt den Mitspielern die Geschichte, in der sie als Helden ihre Abenteuer erleben werden. Er erklärt ihnen die nächsten Schritte des Spiels und sagt, was sie in einer bestimmten Situation tun müssen. Häufig wird das Rollenspiel als eine Mischung aus klassischem Gesellschaftsspiel, Erzählung und Theater beschrieben. Obwohl in diesem Rollenspiel Karten oder Würfel über den Erfolg oder Misserfolg der Spieler entscheiden, haben sie die Möglichkeit, ihren Charakteren individuelle Eigenschaften zu geben. Und genau das fördert die Fantasie und die Kreativität der Spieler. Wer am Ende gewonnen oder verloren hat, ist hier nicht das Entscheidende, sondern der Spaß am gemeinsamen Erzählen.

e Bearbeiten Sie nun den Modelltest 1, Lesen, Teil 2 auf Seite 20.

Lesen Sie den Text und die Aufgaben 1 bis 6 dazu.
Wählen Sie: Sind die Aussagen *Richtig* oder *Falsch*?

Fabians SportBlog .de

Viele von euch wollten von mir wissen, was mein Fußballverein für mich bedeutet. Manche behaupten, ihre Mannschaft wäre ihr ganzes Leben, aber das ist natürlich übertrieben. Trotzdem finde ich, dass der Lieblingsverein viel mehr bedeutet als nur eine angenehme Freizeitbeschäftigung. Es ist auf jeden Fall ein Stück Heimat und man kann nur sehr schwer seine Mannschaft wechseln. Das tut man einfach nicht. Warum ist aber die Mannschaft mehr als eine Freizeitbeschäftigung? Das möchte ich euch nun kurz erklären. Bei einer normalen Freizeitbeschäftigung will man vor allem Spaß haben. Das will ich als Fußballfan natürlich auch, aber es ist längst nicht alles. Es ist schon fast wie eine Liebesbeziehung.

Am letzten Samstag bin ich wieder ins Stadion gegangen und die Spieler meiner Mannschaft hatten keinen glücklichen Tag. Zu Beginn sah es ja ganz gut aus: zwei Tormöglichkeiten aus nächster Nähe - aber leider verpasst! Tja, Pech gehabt! Und später gab es dann auch noch eine gelbe Karte für den Verteidiger.

Und schließlich kam es, wie es kommen musste. Kurz vor dem Halbzeitpfiff haben wir ein Tor kassiert. Und es kam noch schlimmer: Der Verteidiger, der bereits mit Gelb verwarnt war, begann eine völlig sinnlose Diskussion mit dem Schiedsrichter, bekam daraufhin die zweite gelbe Karte – also Rot – und musste das Spielfeld verlassen. Mit nur zehn Spielern hatte meine Mannschaft natürlich keine Chance mehr. Es fielen zwei weitere Tore. Auch ein Treffer meiner Mannschaft in der 89. Minute konnte an dem Ergebnis nichts mehr ändern: Aus der Traum vom großen Sieg!

Der ganze Abend war dann schlimm, ich war wirklich schlecht gelaunt. Später wollten wir ursprünglich noch ins Kino gehen, aber ich hatte dann keine Lust mehr.

Und trotzdem würde ich nie meine Mannschaft wechseln und z.B. ein Fan von Bayern München werden, obwohl ich die Bayern natürlich respektiere. Aber es ist dieses besondere Gefühl, wenn man die Fußballarena betritt, das möchte ich auf keinen Fall verlieren, die Spontaneität, das Gemeinschaftserlebnis, die Stimmung und natürlich auch meine Clique, denn ich bin mit diesen Leuten aufgewachsen.

Ganz egal, wie die Jungs meiner Mannschaft am letzten Samstag gespielt haben, beim nächsten Spiel werde ich auf jeden Fall wieder auf dem Fußballplatz sein, um sie zu unterstützen.

Euer Fabian

1 Fabian möchte nicht Fan einer anderen Mannschaft werden.

| Richtig | Falsch |

2 Spaß spielt für einen Fan keine Rolle.

| Richtig | Falsch |

3 Fabians Mannschaft hatte am Spielbeginn sehr gute Chancen.

| Richtig | Falsch |

4 Trotz der roten Karte konnte Fabians Mannschaft das Spiel noch gewinnen.

| Richtig | Falsch |

5 Nach dem Spiel ging Fabian schlecht gelaunt ins Kino.

| Richtig | Falsch |

6 Beim nächsten Spiel seiner Mannschaft wird Fabian dabei sein.

| Richtig | Falsch |

Lesen Sie den Text und die Aufgaben 7 bis 9 dazu.
Wählen Sie bei jeder Aufgabe die richtige Lösung a, b oder c.

Karaoke-Party bringt Menschen zusammen

Wer kennt es nicht, das berühmte Freizeitspiel, das ursprünglich aus Japan kam, aber bei uns in Deutschland so heimisch geworden ist, wie etwa Sushi-Restaurants oder Manga? Karaoke ist einfach zu organisieren und jeder kann mitmachen. Man braucht dazu nur ein Instrumental-Playback, also eine Melodie ohne Text, von berühmten Songs und singt dazu.

Karaoke Partys gibt es schon seit Jahrzehnten, aber erst jetzt scheinen sie durch YouTube ihre größte Popularität zu erreichen. Das liegt wohl daran, dass durch YouTube der richtige Musikcocktail für eine gelungene Party zusammengemixt werden kann. Besonders im Trend sind jetzt thematische Karaoke-Abende, wo die Teilnehmer sich in einer Bar treffen und einem Künstler, z.B. Eros Ramazzotti, den Abend widmen. Da können sie seine Lieder mitsummen und auch ihre Erinnerungen an die Erlebnisse, die sie mit diesem Musiker verbinden, austauschen. Manchmal wird so ein Abend so richtig schön nostalgisch, denn man erzählt sich, wie dessen Lieder damals die erste Liebe, den ersten Liebeskummer oder den Traum von einer besseren Welt begleiteten. Karaoke scheint aber auch eine tolle Gelegenheit, Bekanntschaften zu machen, denn nichts bringt die Menschen näher als gemeinsame Erinnerungen.

Beispiel:

0 Karaoke-Partys sind ...

- [a] die beliebtesten Partys in Deutschland.
- [b] den Deutschen fremd.
- [x] ein Teil der deutschen Freizeitkultur.

7 In diesem Text geht es darum, dass ...

- [a] es ganz neue Möglichkeiten für Karaoke-Partys gibt.
- [b] Karaoke so beliebt ist wie Manga und Sushi.
- [c] Karaoke wegen der neuen Medien nicht mehr so populär ist.

8 Die Teilnehmer ...

- [a] erinnern sich an Stars, die sie früher mochten.
- [b] stellen den richtigen Musikcocktail zusammen.
- [c] werden meist sehr nostalgisch.

9 Auf einer Karaoke-Party kann man ...

- [a] neue Freunde kennenlernen.
- [b] seinen Liebeskummer vergessen.
- [c] von der Weltveränderung träumen.

Lesen Sie den Text und die Aufgaben 10 bis 12 dazu.
Wählen Sie bei jeder Aufgabe die richtige Lösung a, b oder c.

Schüler zeigen, was Willkommenskultur bedeuten kann

Sicherlich stellen Spendenaktionen für Menschen in Not eine wichtige Hilfe dar.

Das kann jeder bestätigen, der sich schon einmal für seine Mitmenschen engagiert hat. Mit dem Geld, das von den Spenden kommt, werden wichtige Projekte finanziert: Man beschafft Kleidung und Nahrungsmittel und bezahlt die Unterkunft für Menschen, die plötzlich ohne Heimat geblieben sind. Doch außer Geldspenden kann es noch viele andere Formen der humanitären Hilfe geben, die keine geringere Rolle spielen als finanzielle Unterstützung. Das beweisen die Schüler, die sich in ihrer Freizeit in verschiedenen Projekten für Flüchtlinge und Immigranten engagieren. Sie organisieren für die Menschen, die in unser Land gekommen sind, Aktionen, bei denen man sich besser kennenlernen und sich menschlich näherkommen kann. Dazu gehören gemeinsame sportliche Aktivitäten, aber auch Projekte, bei denen die jungen Flüchtlinge das Gastgeberland und dessen Kultur besser verstehen lernen können.

Wenn man bedenkt, dass die größte Gruppe der Flüchtlinge unter 16 Jahre alt ist, und zwar 27,9 Prozent, kann man sich vorstellen, wie wichtig dieser Schülerbeitrag ist. Viele der minderjährigen Geflüchteten sind nämlich allein in Deutschland und leiden unter Einsamkeit und Isolation und brauchen nicht nur den zwischenmenschlichen Kontakt sondern auch unser Verständnis.

10 In diesem Text geht es darum, dass Schüler …

    ☐ a besonders gern spenden.

    ☐ b sich sozial mehr engagieren als Erwachsene.

    ☐ c zeigen, wie man auch ohne Geldspenden helfen kann.

11 Andere Formen der humanitären Hilfe …

    ☐ a sind genauso wichtig wie finanzielle Unterstützung.

    ☐ b sind selten.

    ☐ c sind wichtiger als Geld.

12 Die jungen Flüchtlinge …

    ☐ a brauchen ganz besonders unsere Hilfe.

    ☐ b interessieren sich sehr für das Gastgeberland.

    ☐ c suchen nach ihren Familien.

Ein ganz normaler Tag

Wie sieht mein **normaler** Wochentag aus? Nun, es ist immer **das Gleiche**: Um sieben Uhr **stehe ich auf**, gehe ins Bad, wo ich **morgens** immer dusche und mir die Zähne putze. Dann frühstücke ich in der Küche und **ziehe mich an**. **Oft** fährt mich mein Vater in die Schule. Meine Eltern gehen zu Fuß zur Arbeit, denn ihr Büro liegt **ganz in der Nähe**. Am besten hat es mein **ältere** Schwester, denn sie studiert schon und geht erst **später** zur Uni. Leider essen wir während der Woche **nie** zusammen zu Mittag, denn jeder hat ein anderes Programm. Ich muss nach der Schule meine Hausaufgaben machen und am Nachmittag gehe ich zum Klavierunterricht. Das ist manchmal ganz schön **langweilig**.
Die ganze Familie trifft sich immer erst am Abend. So sieht mein normaler **Wochentag** aus.

1 **Lesen Sie den Text. Ordnen Sie die fettgedruckten Ausdrücke aus dem Text den Antonymen im Kasten zu. Achten Sie auf die richtige Form.**

1	abends	*morgens*	7	der Feiertag	
2	etwas Anderes		8	früher	
3	sich ausziehen		9	immer	
4	besonders		10	interessant	
5	ins/zu Bett gehen		11	selten	
6	jünger		12	weit weg	

2 Hilfe im Haushalt. Lesen Sie die Texte 0 bis 5. Wählen Sie: Ist die Person dafür, dass Kinder im Haushalt helfen?

In einem Internetforum lesen Sie Kommentare zu einem Artikel über Hilfe im Haushalt.

Beispiel:

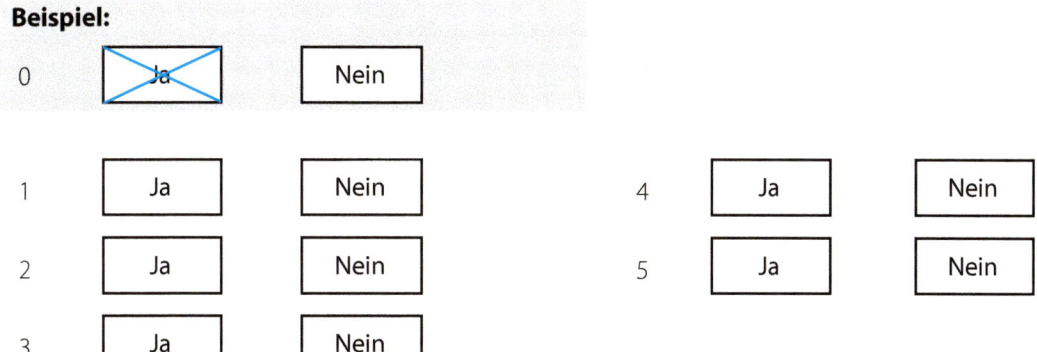

0 [~~Ja~~] [Nein]

1 [Ja] [Nein]   4 [Ja] [Nein]

2 [Ja] [Nein]   5 [Ja] [Nein]

3 [Ja] [Nein]

---

0 Ich mache es zwar nicht gern, denn ich bin danach meistens sehr müde. Aber ich möchte meinen Eltern helfen und ich glaube, das gehört zu meinen Aufgaben. Also helfe ich im Haushalt.
Ozgün, 14 Jahre alt

1 Ich glaube, es sollte selbstverständlich sein, dass wir uns in der Familie die Aufgaben teilen. Es ist so viel zu tun bei uns zu Hause. Das schaffen die Eltern doch nicht allein!
Julia, 12 Jahre alt

2 Ja, sehr schön! Wir Kinder sollen nicht nur unsere Hausaufgaben machen, sondern auch noch Geschirr spülen, putzen und kochen. Wo bleibt denn die Zeit für uns? Ich finde es unfair.
Patrick, 12 Jahre alt

3 Ja, einige Sachen können die Kinder schon machen. Sie könnten z.B. den Müll rausbringen und ihr Zimmer aufräumen. Aber das ist auch genug. Für Kochen, Waschen usw. sind sie noch zu jung.
Marek, 37 Jahre alt

4 Wenn jemand schon als Kind beim Waschen, Kochen und Aufräumen mitgeholfen hat, dann wird er auch als Erwachsener keine Probleme damit haben. Manche Dinge muss man eben früh lernen.
Sarah, 43 Jahre alt

5 Wozu diese ganze Diskussion? Als wir klein waren, hat uns auch niemand gefragt, ob wir Lust haben, im Haushalt zu helfen. Das war klar, dass wir unseren Eltern und Großeltern geholfen haben. Und meiner Meinung nach soll es auch so bleiben.
Luisa, 62 Jahre alt

2

A Wortschatz und Strukturen

1 Wörter erkennen

a Lesen Sie die folgenden Situationen.

1 Marlis hat <u>nicht viel Geld</u> und möchte eine <u>Waschmaschine kaufen</u>.

2 Jan möchte ein <u>gebrauchtes Mountainbike</u> <u>kaufen</u>.

3 Steffen <u>vermietet</u> ein <u>Zimmer</u> <u>im Zentrum von Berlin</u>.

4 Der Freund von Dunja möchte seinen <u>kleinen Hund</u> <u>verschenken</u>.

5 Petros hat ein <u>Handy</u> in <u>Hamburg-Eppendorf</u> <u>gefunden</u>.

b Finden Sie die passenden Anzeigen (a bis g) zu den Situationen aus 1a. Beachten Sie dabei die unterstrichenen Wörter aus 1a.

a Gebe kostenlos junge Hunde ab. Sie sind geimpft, aber keine Rassehunde.

b Verkaufe Waschmaschine, (fast neu) zum halben Preis.

c Repariere Elektrogeräte aller Art (Spülmaschinen, Wäschetrockner, ...) für wenig Geld!

d Suchen für unsere junge Hündin einen Partner. Gerne auch aus dem Tierheim.

e Kaufen und verkaufen Fahrräder, ob neu oder alt.

f Handy verloren! Wer hat am 23.06. in Eppendorf mein Smartphone gefunden? Finderlohn zugesichert!

g Möchte Zimmer in Berlin-Mitte mieten.

Situation:	1	2	3	4	5
Anzeige:	_b_	____	____	____	____

c Markieren Sie nun in den Anzeigen aus 1b die Wörter oder Ausdrücke, die zeigen, dass die Anzeige zu der jeweiligen Situation/Person passt. Tragen Sie diese in die unten stehende Übersicht ein.

Situation	Anzeige
1 nicht viel Geld; Waschmaschine kaufen	_zum halben Preis_ _verkaufe Waschmaschine_
2 gebrauchtes Mountainbike; kaufen	
3 vermietet Zimmer; im Zentrum von Berlin	
4 kleinen Hund; verschenken	
5 Handy gefunden; in Hamburg-Eppendorf	

24

d   Finden Sie die Antonyme zu den folgenden Begriffen.

1	abnehmen ≠ _zunehmen_	6	gemütlich ≠ _____	11	mieten ≠ _____
2	billig ≠ _____	7	jung ≠ _____	12	schick ≠ _____
3	dick ≠ _____	8	kaufen ≠ _____	13	spät ≠ _____
4	finden ≠ _____	9	mehr ≠ _____	14	viel ≠ _____
5	gebraucht ≠ _____	10	mit ≠ _____	15	zusammen ≠ _____

e   Ordnen Sie die folgenden Wörter den Kategorien zu.
Manche Wörter passen in beide Kategorien.

> abgeben | einkaufen | frei | gebührenfrei | geschenkt |
> gratis | kaufen | kostenlos | leihen | mieten | umsonst |
> verkaufen | verleihen | vermieten | verschenken

mit Bezahlung	ohne Bezahlung
	abgeben

f   Ergänzen Sie die fehlenden Verben.
Das Lösungswort bezeichnet die Freizeit im Anschluss an den Arbeitstag.

Hinweis:
ü=ue

1	den Hund …
2	die Kinder von der Schule …
3	den Boden …
4	sich die Zähne …
5	sich vom Alltag …
6	mit der Metro …
7	Geld vom Konto …
8	das Geschirr …
9	den Müll …
10	Kleider im Schrank …

1. A U S F U E H R E N
2. A
3. W
4. P
5. E
6. F
7. A
8. S
9. T
10. O D

Lösungswort: __ __ __ __ __ __ __ __ __ __

2 Redemittel zu Pro- und Kontrapositionen

a Sind die folgenden Personen für ein Verbot von Handys am Arbeitsplatz? Kreuzen Sie die richtige Lösung an.

		Ja	Nein
0	Verbote sind sinnlos.	Ja	☒ Nein
1	Handys am Arbeitsplatz schaden sowohl der Gesundheit als auch der Arbeitsleistung.	Ja	Nein
2	Ein Verbot würde vielen nützen.	Ja	Nein
3	Ein Verbot wäre sinnvoll.	Ja	Nein
4	Es ist nicht bewiesen, dass Handys am Arbeitsplatz schaden.	Ja	Nein
5	Ein Verbot hätte negative Folgen.	Ja	Nein
6	Ich zweifle daran, dass ein Verbot etwas bringt.	Ja	Nein
7	Immer nur Verbote! Das reicht!	Ja	Nein
8	Handys am Arbeitsplatz sollte man verbieten.	Ja	Nein
9	Für das Verbot gibt es viele Gründe.	Ja	Nein
10	Ich verstehe ja, dass das Handy am Arbeitsplatz viele stört, aber …	Ja	Nein

b Notieren Sie die Redemittel aus 2a in die entsprechende Kategorie.

für ein Verbot	gegen ein Verbot
	Verbote sind sinnlos.

c Schreiben Sie einen kleinen Text, in dem Sie sich für ein Verbot von Handys am Arbeitsplatz äußern. Verwenden Sie auch Redemittel aus 2a.

_____

_____

_____

_____

_____

d Schreiben Sie einen kleinen Text, in dem Sie sich gegen ein Verbot von Handys am Arbeitsplatz äußern. Verwenden Sie auch Redemittel aus 2a.

_____

_____

_____

_____

_____

> **Hinweis:**
> **Adversativsätze** geben einen **Gegensatz** oder eine **Einschränkung** an.

3 **Adversativsätze**
Was ist *Richtig*? Unterstreichen Sie wie im Beispiel.

Roger ist nicht zufrieden.
Er hat **aber** / **im Gegensatz** (0) zu seinen Freunden wenig Zeit.
Jedoch / **Während** (1) seine Freundin Tamara regelmäßig Tennis spielt und mit ihren Freundinnen ausgeht, muss er die Hausarbeit machen.
Zwar / **Weder** (2) macht er das gern, **aber** / **noch** (3) er hätte auch lieber mehr Freizeit. **Aber** / **Sondern** (4) das kann er nicht ändern.
Tamara meint nämlich, Männer müssen zu Hause helfen.
Rogers Freunde **jedoch** / **doch** (5) müssen nie die Kinder vom Kindergarten abholen oder zum Sport bringen, **aber** / **sondern** (6) sitzen nach der Arbeit vor dem Fernseher oder treiben Sport.
Macht Roger etwas falsch?

B   Lesetraining

Lesen, Teil 3 Prüfungsziel: zur Orientierung lesen			
Texte	**Aufgaben**	**Zeit**	**Lesestil**

- einleitende Situierung
 	
- 7 Kurztexte
  (Situationen aus dem
  Alltag)
 	
- 10 kurze Anzeigen
	- 7 Items:
	Zuordnung
		ca. 10 Minuten	- *zuerst*
			  suchend-selektiv
			
			- *dann*
			  sorgfältig-genau

① **Suchend-selektives Lesen**

Was bedeutet *suchend-selektives Lesen*?

Man **„überfliegt"** schnell **den Text** / die Texte (suchend) und konzentriert sich dann auf die **Stellen** im Text bzw. auf die Texte, welche die gesuchten **Informationen enthalten könnten** (selektiv).

a   Lesen Sie die folgenden Situationen und achten Sie auf die unterstrichenen Schlüsselwörter.

1   Marcus lebt in einer Männer-Wohngemeinschaft im Zentrum Münchens. Ab Februar ist ein Zimmer frei und er sucht einen Mitbewohner.

2   Herr Kuczinski sucht für seinen Sohn für ein Jahr eine 2-Raum-Wohnung in München.

b   Lesen Sie nun die Anzeigen suchend-selektiv. Welche Anzeigen scheinen auf den ersten Blick zur jeweiligen Situation zu passen?

DRINGEND!
Zimmer in München gesucht!
Suche ab 1.2.
für meine Tochter (18) Zimmer in zentraler Lage.
kanera@hmehl.de

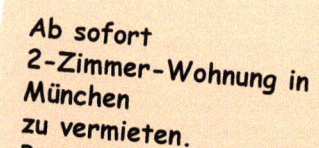

Ab sofort
2-Zimmer-Wohnung in München
zu vermieten.
Besichtigungstermin: 15.01., 17.00 bis 20.00 Uhr.
Anmeldung unter
www.wohneninmuenchen.de

**2-Raum-Wohnung
in München gesucht!
Suche ab sofort für mich
und meinen Kater
kleine möblierte Wohnung am
Stadtrand.
Tel. 0170 3876453 ab 17.00 Uhr**

*Ab Februar Zimmer frei!
Du suchst ein Zimmer in München mit
tollen Mitbewohnern? Du kannst kochen
und hilfst im Haushalt?
Dann bist du der/die Richtige für uns!
Melde dich noch heute unter
chaoteninbayern@jmail.com*

Situation 1: Anzeigen *a und* ____
Situation 2: Anzeigen _____

2 Sorgfältig-genaues Lesen

Was bedeutet *sorgfältig-genaues Lesen*?

Man versucht im Text / in den Texten, alles bzw. jedes einzelne Wort zu verstehen. Ziel ist es, **Hauptinformationen** und **wichtige Einzelheiten** zu finden.

> **Tipp:**
> Oft gibt es in der Prüfung mehrere **ähnliche Anzeigen**,
> die auf den ersten Blick (suchend-selektives Lesen) zu einer Aufgabe passen.
> Lesen Sie diese Anzeigen **genau** und achten Sie auf **Details**,
> um die richtige Anzeige zu finden.

a Lesen Sie nun die Anzeigen aus 1b sorgfältig-genau. Welche Anzeigen passen tatsächlich zu den Situationen? Es ist auch möglich, dass es für eine Situation keine Anzeige gibt (X).

Situation 1: Anzeige _____

Situation 2: Anzeige _____

b Begründen Sie Ihre Entscheidung.

Situation 1: _____

Situation 2: _____

c Bearbeiten Sie nun den Modelltest 1, Lesen, Teil 3 auf Seite 32.

Lesen, Teil 4			
Prüfungsziel: Information und Argumentation verstehen			
Texte	**Aufgaben**	**Zeit**	**Lesestil**
-8 kurze Leserbriefe *(Kommentare zu aktuellem, kontroversem Thema)*	7 Items Ja/Nein-Format	ca. 15 Minuten	**suchend** und **sorgfältig-genau**

3 Explizite und implizite Meinungsäußerung

Explizite Meinung: Der Autor vertritt eine eindeutige und klar nachweisbare Meinung.
z.B.: *Ich bin gegen … / Ich finde es eine ausgezeichnete Idee … / Das ist doch völlig sinnlos.*

Implizite Meinung: Der Autor beschreibt das Problem/ Thema im Text. Mit diesen Beschreibungen bzw. Indizien, kann man die Meinung oder den Standpunkt des Autors erkennen. Deshalb muss man wichtige Einzelheiten verstehen können.
z.B.: *… sind nicht mehr modern. / Wer entscheidet denn …? / Viel wichtiger ist doch, dass …*

> **Hinweis:**
> Im Prüfungsteil Lesen, Teil 4, müssen Sie sowohl **explizite** als auch **implizite** Meinungen und Standpunkte verstehen können.

a Lesen Sie die folgenden Kommentare zum Thema Verbot von Weichspülern. Überlegen Sie genau: Ist die Person für ein Verbot von Weichspülern (= Ja) oder gegen ein Verbot von Weichspülern (= Nein)? Unterstreichen Sie die Textstellen, die eine Antwort darauf geben.

Beispiel:
Jeder weiß doch, dass sowohl die Produktion als auch die Entsorgung von Weichspülern die Umwelt belastet. In Europa dürfen eigentlich nur sogenannte ökologisch einwandfreie Weichspüler produziert werden. Das gilt allerdings nicht für alle Inhaltsstoffe, die in den Weichspülern enthalten sind.
Berit, 55, Staßfurt

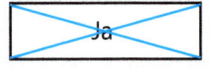

Ja ☒   Nein ☐

Berit ist **für** ein Verbot. Sie drückt ihren Standpunkt **implizit** aus: Sie schreibt: „die Produktion und die Entsorgung von Weichspülern (belasten) die Umwelt". Berit ist somit **gegen** Weichspüler. Also ist sie **für ein Verbot** von Weichspülern. Außerdem bezweifelt sie auch, dass es „ökologisch einwandfreie Weichspüler" gibt.

1

Gerade Allergiker können gesundheitliche Probleme bekommen, wenn sie mit Wäsche, die mit Weichspüler gewaschen worden ist, in Berührung kommen. Die Herstellung dieser Produkte muss schnellstens gestoppt werden, denn die Farb- und Konservierungsstoffe können für diese Menschen lebensgefährlich sein!
Martha, 31, Berlin

Ja	Nein

2

Wäsche, die mit Weichspüler gewaschen wurde, fühlt sich zwar angenehm an und riecht auch gut, aber sie saugt Nässe schlechter auf. Man kann sich z.B. mit Handtüchern schlechter abtrocknen. Das ist aber kein Grund, Weichspüler zu verbieten.
Bert, 24, Dresden

Ja	Nein

3

Muss man denn unbedingt Weichspüler benutzen? Es gibt doch auch Alternativen zu diesen umwelt- und gesundheitsschädlichen Produkten. Man kann in Drogerien und Biomärkten Bio-Weichspüler kaufen. Oder man kann die Wäsche auch mit Essig sauber und weich bekommen. Der unangenehme Essiggeruch verschwindet beim Trocknen der Wäsche. Und Zitrone gibt der Wäsche einen angenehmen Duft. Also sind konventionelle Weichspüler nicht notwendig. Weg damit!
Johanna, 61, Kassel

Ja	Nein

4

Weichspüler tut, was das Wort schon sagt: Er spült die Wäsche weich und macht die Kleidung weniger rau. Das ist für Menschen mit Hautproblemen wie Neurodermitis von Vorteil. Außerdem: Die Textilien sind weniger elektrostatisch aufgeladen. Weichspüler zu benutzen, hat vor allem bei Kleidung aus Kunstfasern Sinn. Mit Weichspülern gewaschene Wäsche lässt sich leichter bügeln und nicht zuletzt schützt der Wäschezusatz die Farben der Kleidung dauerhaft.
Martina, 40, Tübingen

Ja	Nein

5

Weichspüler macht die Wäsche weich und lässt sie gut riechen. Aber gleichzeitig belastet er die Umwelt und kann die Gesundheit beeinträchtigen. Ob man besser auf Weichspüler verzichten sollte oder nicht, das sollte jeder selbst entscheiden. Es gibt doch schon genug Verbote in unserer Gesellschaft!
Klaus, 20, Hanau

Ja	Nein

b Bearbeiten Sie nun den Modelltest 1, Lesen, Teil 4 auf Seite 34.

Lesen Sie die Situationen 13 bis 19 und die Anzeigen a bis j aus verschiedenen deutschsprachigen Medien.
Wählen Sie: Welche Anzeige passt zu welcher Situation?
Sie können jede Anzeige nur einmal verwenden.
Die Anzeige aus dem Beispiel können Sie nicht mehr verwenden.
Für eine Situation gibt es keine passende Anzeige. In diesem Fall schreiben Sie 0.

Die Mitbewohner Ihres Mehrfamilienhauses möchten Ihren Alltag interessanter gestalten und suchen dafür passende Möglichkeiten.

Beispiel:

0 Esther (32) ist eine begeisterte Hobbyköchin und sieht gern Kochsendungen.

Anzeige: *d*

13 Daniel (14) interessiert sich für Computerspiele, kann sich aber keine teuren Geräte leisten.

Anzeige: _____

14 Harry (17) ist ein begeisterter Heavy Metal-Fan und möchte seine Lieblingsmusik live erleben.

Anzeige: _____

15 Oswald (56) liest gern und will sich mit anderen über seine Erfahrungen mit Büchern austauschen.

Anzeige: _____

16 Sven (32) möchte sich vom Stress im Beruf erholen.

Anzeige: _____

17 Marcella möchte in ihrer Freizeit etwas für ihre Mitmenschen tun.

Anzeige: _____

18 Claudia möchte asiatisch kochen lernen.

Anzeige: _____

19 Francesca (27) lebt seit zwei Jahren in Deutschland und möchte ihre Deutschkenntnisse verbessern.

Anzeige: _____

a

Literatur als Gemeinschaftserlebnis
Literatur nur im stillen Kämmerlein?
Unsere Lesegruppe *Dichtung und Begegnung* zeigt,
dass es auch anders geht!
Wir treffen uns regelmäßig,
um über unsere Lektüre-Erfahrungen zu
diskutieren.
Kontakt unter:
www.dichtung-und-begegnung.at

b

Kochend die Welt erfahren
Hier auf unserer Internet-Seite
haben Sie die Möglichkeit,
Rezepte und Anleitungen
für Speisen und Gerichte
aus allen fünf Kontinenten
gratis herunterzuladen.
www.global-kochen-mit-spass.de

c

Stress am Arbeitsplatz?
Hier lernen Sie,
wie Sie – als Führungskraft – Ihre Mitarbeiter positiv
motivieren können –
ohne Stress und ohne Angst!
Jeden Montag um 20 Uhr im Jobcenter.
Um Voranmeldung wird gebeten.

d

Kochen wie ein Profikoch
Die beste Koch-Show
im deutschen Fernsehen
kommt wieder
in Ihre Wohnzimmer!
Nicht verpassen –
täglich von Montag bis Freitag
um 18.30 Uhr auf Sat5!

e

Lasst euren Laptop zu Hause!
Ihr lest gern?
Dann kommt zu unserem Lese-Club
und macht mit
bei unseren Literatur-Workshops
für Kinder und Jugendliche!
Es wird sicher ein Spaß sein!
Viele tolle Bücher:
Märchen, Fantasy, Abenteuer
warten auf euch!
www.jungeleser.de

f

Masters of Noise Open Air
öffnet wieder seine Tore für euch!
Für alle Freunde der massiven Töne eine Pflicht! Wie
jedes Jahr treffen sich diesmal
die treuen Metal-Fans
im romantischen Thüringen,
um ihre Stars zu feiern.
Neben den Trash-Metal-Bands aus der Region
kommen auch Power-Metal-Gäste
aus Skandinavien,
u.a. Glorious Hammer und Snow Heroes.

g

An alle Rockfans!
Gebrauchte Rockballaden-,
Hardrock- und Heavy-Metal-CDs
zu extrem günstigen Preisen.
Nur bei uns:
- schnelle Lieferzeiten.
- guter Zustand unserer Waren.
Mehr Informationen
in unserem Online-Katalog unter:
www.heavy-guenstig.ch

h

Wir suchen dich!
Wir helfen Kindern
mit Migrationshintergrund,
ihre Deutschkenntnisse zu verbessern,
damit sie ihre Lernschwierigkeiten
in der Schule besser lösen können.
Wir suchen noch engagierte Freiwillige,
die uns bei der Betreuung der Kinder
helfen (spielen, basteln, spazieren gehen)
www.solidarisch-mit-Kindern.de

i

**Wer möchte
meine alten Spielkonsolen?**

Verschenke
meine alte, gut erhaltene PlayStation 2
und Xbox 360.

fb: Leon Wyss

j

Finden Sie Ihre innere Ruhe!

Sie sind gestresst, ausgepowert, müde?
Dann sind Sie bei uns gerade richtig!
Kurse in Yoga, Pilates und Qigong.
Entspannung und Erholung garantiert.

www.endlich-innere-ruhe.de

Lesen Sie die Texte 20 bis 26. Wählen Sie: Ist die Person für Bargeld?

In einem Internetforum lesen Sie Kommentare zur Abschaffung von Bargeld.

Beispiel:

0	**Luise**	☒ Ja	Nein	**23**	**Hanna**	Ja	Nein
20	**Kurt**	Ja	Nein	**24**	**Marcel**	Ja	Nein
21	**Ernesto**	Ja	Nein	**25**	**Cem**	Ja	Nein
22	**Hannelore**	Ja	Nein	**26**	**Raphaela**	Ja	Nein

Beispiel:

0 Das Bargeld hat doch etwas mit unserer Kultur zu tun. Wir bezahlen damit nicht nur unsere Rechnungen, sondern kommunizieren auch mit unseren Mitmenschen. Durch kleine Geldgeschenke und Spenden beispielsweise drücken wir unsere Gefühle aus. Wenn wir einer Kellnerin Trinkgeld geben, dann zeigen wir damit Respekt für ihre Arbeit.
Luise, 56, Basel

20 Für mich bedeutet das Bezahlen mit Bargeld auch Freiheit. Ich möchte nämlich nicht, dass mein Konsumverhalten kontrolliert wird. Und ich zweifle daran, ob die Banken das Bankgeheimnis tatsächlich respektieren werden, wenn wir nur noch Onlinebanking haben.
Kurt, 53, Dresden

21 Ich verstehe ja, dass es viele stört, dass sie in Zukunft auf das Bargeld verzichten werden, aber man sollte auch die Vorteile sehen: Wenn es kein Bargeld mehr gibt, dann kann es auch nicht gestohlen werden: keine Banküberfälle und weniger Diebstähle von Taschen und Geldbeuteln.
Ernesto, 26, Frankfurt

22 Wenn unsere Kinder kleine Beträge in Form von Münzen bekommen, dann lernen sie von klein auf, mit dem Geld umzugehen. Das finde ich auch nützlich und sinnvoll. Wie soll es denn mit Karten funktionieren? Ich kann doch meiner siebenjährigen Enkelin keine Kreditkarte schenken!
Hannelore, 71, Osnabrück

23 Ich verstehe nicht, warum so viele Menschen so ängstlich auf neue Bezahlsysteme, wie etwa das Onlinebanking oder die Kreditkarten reagieren. Wir leben doch im Zeitalter der Digitalisierung und da sind die guten alten Münzen und Geldscheine total veraltet. Für mich sind sie schon lange sinnlos und gehören ins Museum.
Hanna, 19, Ludwigsburg

24 Man sagt uns, dass das Geld auf unseren Konten sicher ist und nur das Geld in unserem Portemonnaie gestohlen werden kann. Aber es ist nicht bewiesen, dass das wirklich stimmt. Wenn mir meine Tasche gestohlen wird, dann ist es sicherlich ärgerlich, aber ich trage ja nicht mein ganzes Geld mit mir herum. Wenn aber ein Hacker mein ganzes Konto leerräumen würde, dann wäre es eine Katastrophe für mich.
Marcel, 42, Bremerhaven

25 Anfangs war ich auch ein wenig skeptisch und hatte auch ein bisschen Angst vor dem bargeldlosen Zahlungsverkehr. Dann aber habe ich entdeckt, dass die Karte viel einfacher und bequemer ist. Jetzt komme ich prima ohne Bargeld aus und empfinde es sogar als störend, wenn ich für meine Zeitung am Kiosk nur bar bezahlen kann. Ich habe keine Lust mehr, zum Geldautomaten zu laufen.
Cem, 31, Graz

26 Das Problem mit den Karten ist, dass man seine Ausgaben nicht so einfach überprüfen kann. Wenn ich mit einem Geldschein bezahlt habe, dann weiß ich, wie viel Geld ich noch in der Tasche habe. Mit der Karte verliere ich die Kontrolle.
Raphaela, 28, Cottbus

Meine liebsten Feiertage

Von welchem Fest ich am meisten **begeistert** bin? Natürlich von meinem **Geburtstag**. Es sind nicht nur die Geschenke, die ich bekomme: **Kleider, Parfüms** oder **Bücher**. Mir ist es vor allem wichtig, dass man an mich denkt und mir „**Alles Gute!**" und „**Hoch soll sie leben!**" wünscht. Ich mag aber auch den **Valentinstag,** weil mein Freund mir zeigt, wie **verliebt** er ist. Er **schenkt mir Blumen** und **Süßigkeiten** und ich backe eine leckere Torte für ihn. **Wir fühlen uns so glücklich.** Aber auch der **Maifeiertag** und **Ostern** gefallen mir, da sie für mich den Frühlingsanfang bedeuten. Natürlich **freue ich mich** auch jedes Jahr auf **Weihnachten** und warte ungeduldig darauf, dass ich den traditionellen Wunsch „**Frohes Fest!**" überall hören kann. **In den Weihnachtstagen** und zu **Silvester** bin ich immer **fröhlich** und ausgelassen. Leider sind die Weihnachtsferien viel zu kurz.

1 **Zu welcher Kategorie gehören die fett gedruckten Wörter? Ordnen Sie zu.**

Feiern	Gefühle
Geburtstag	

Geschenke	Glückwünsche

2 **Welche Feste verstecken sich hinter den kleinen Bildern? Notieren Sie.**

G _____ g _____ F _____ t _____

H _____ t _____ M _____ g _____

O	n	_____	S	r	_____
V	g	_____	W	n	_____

3 **Lesen Sie den Text. Wählen Sie bei jeder Aufgabe die richtige Lösung a oder b.**

Das passende Geschenk
Hier einige Tipps, wie Sie das richtige Geschenk finden!

Nehmen Sie sich Zeit!
Ein passendes Geschenk braucht Zeit, aber auch Fantasie. Schenken Sie etwas ganz Persönliches, etwas, was dem Anderen Freude macht.
Denken Sie dabei aber auch an die **verschiedenen Typen von Menschen**: den Genießer, den Bücherfreund oder den Romantiker.
Nicht jeder Person gefällt das, was **Sie** schön finden.

Was wünscht sich der andere?
Wie kann man erfahren, was die Person sich wünscht? Es ist zwar erlaubt, aber unschön, direkt zu fragen: „Was möchtest du zum Valentinstag?" Man kann jedoch auf andere Art und Weise erfahren, was der oder die Liebste gern hätte. Zum Beispiel wenn man mit ihm oder ihr über Pläne, Träume oder Hobbys spricht.

Der richtige Moment!
Achten Sie auf den richtigen Moment! Das richtige Timing für das Überreichen eines Geschenkes ist Gold wert. Unterbrechen Sie Ihren Partner oder Ihre Partnerin auf keinen Fall bei der Arbeit oder einer wichtigen Besprechung. Warten Sie lieber einen romantischen Augenblick bei Kerzenschein ab. Manchmal ist es sinnvoll, das Geschenk ihr oder ihm zu geben, wenn die Person fröhlich ist. In anderen Fällen aber auch, wenn sie traurig ist und unsere Nähe braucht.

Warum schenken wir etwas?
Wenn ich etwas schenke, dann möchte ich meine Gefühle zum Ausdruck bringen. Das ist das Wichtigste. Ich mag oder liebe diesen Menschen und möchte es ihm auch zeigen. Es geht also nicht darum, wie teuer ein Geschenk ist.

1	Bei der Auswahl des Geschenkes …	a	braucht man Geduld.
		b	sollte man an die eigenen Wünsche denken.

2	Wenn wir etwas schenken, möchten wir …	a	nicht viel Geld ausgeben.
		b	unsere Gefühle ausdrücken.

3	Der richtige Moment …	a	kann ohne Schwierigkeiten gefunden werden.
		b	ist nicht immer gleich.

A Wortschatz und Strukturen

1 Verbote und Hinweise

a Welche Ausdrücke bedeuten dasselbe? Ordnen Sie zu. Mehrfachnennungen sind möglich.

1 Man darf nicht …	_c, g_	a Eine Erlaubnis ist nötig.
2 Man könnte …	____	b Es ist nicht nötig.
3 Man muss nicht …	____	c Es ist verboten.
4 Man sollte …	____	d Es ist möglich.
5 Es ist nicht erlaubt …	____	e Es wird empfohlen, dass …
6 Nur ausnahmsweise darf man …	____	f Es ist ohne Ausnahme untersagt.
7 Es ist ausnahmslos verboten …	____	g Es ist nicht gestattet / genehmigt.
8 Wenn man möchte …	____	h Es ist nur in Ausnahmefällen erlaubt.
9 Man muss das beachten.	____	i Falls man den Wunsch hat …
10 Man braucht eine Genehmigung.	____	j Es ist darauf zu achten, dass …

b Notieren Sie die Ausdrücke 1 bis 10 und a bis j aus 1a, die eine Erlaubnis / Möglichkeit oder ein Verbot bedeuten. Ein Ausdruck lässt sich nicht zuordnen.

Erlaubnis / Möglichkeit	Verbot
	Es ist verboten

c Schlüsselwörter aus dem Kontext erschließen
Ergänzen Sie die Hinweise mit Ausdrücken oder Wörtern aus 1a in der richtigen Form.

1 Das Parken in der Brandschutzzone ist streng _____. Diese muss für die Feuerwehr frei bleiben. Wer hier parkt, muss mit hohen Geldstrafen rechnen.

2 Heute ist ein Festtag und das heißt, wir _____ nicht so früh aufstehen. Das finde ich toll.

3 Kinder unter sechs Jahren _____ den Spielplatz nur in Begleitung ihrer Eltern betreten.

4 Rauchen in unserem Internetcafé ist ohne _____ untersagt. Wer es trotzdem tut, bekommt ein Hausverbot.

5 Vor einer Reise in ein tropisches Land _____ man sich gut über nötige Impfungen informieren.

6 Schüler, die an unserem Austauschprogramm teilnehmen möchten, müssen bis Montag eine schriftliche _____ ihrer Eltern mitbringen.

2 Feste feiern

a Welches Fest passt zu den Beschreibungen? Ergänzen Sie.

	Beschreibung	Fest
1	In anderen Regionen ist dieses Fest auch als Karneval bekannt. Wir verkleiden uns und tragen bunte Masken.	*Fasching / Fastnacht*
2	An diesem Tag schenken sich die Verliebten Blumen und Süßigkeiten.	_____
3	Am Abend dieses Tages trinken wir Sekt und verabschieden uns vom alten Jahr.	_____
4	Mit diesem Fest verbinden wir den Frühling. Es wird durch bunte Eier und Hasen symbolisiert.	_____
5	Bei diesem Fest feiern wir den Tag, an dem wir auf die Welt kamen.	_____

b Finden Sie im folgenden Text das passende Grundwort aus dem Kasten und vervollständigen Sie die Komposita.

-anfang | -beginn | -blumen | -essen | -fest | -harmonie | -jahr |
-münzen | -regionen | -spaziergang | -tag | -tänze | -tisch• -wechsel

Noruz: immer noch bunt und voller Leben.
Seit Tausenden von Jahren feiern die Perser ihr Frühlings *fest*_____ (1).

Wir feiern den Jahres_____ (2) in der Nacht vom 31. Dezember auf den 1. Januar. Doch es gibt andere Welt_____ (3), in denen das Neu_____ (4) an einem anderen Tag gefeiert wird. So zum Beispiel Noruz, das wichtigste Fest im Iran. Für die Iraner ist es nicht nur der erste Tag des neuen Jahres, sondern auch der Frühlings_____ (5), denn er findet jährlich zwischen dem 20. und dem 22. März statt. Für die Menschen im Iran symbolisiert dieser Tag den Frieden, den Neu_____ (6) und die Welt_____ (7). Am Fest_____ (8) ziehen sie sich deshalb neue Kleider an, um den Übergang vom Alten zum Neuen zu unterstreichen. Die Jugendlichen springen über ein Feuer und singen und tanzen traditionelle Volks_____ (9) dazu. Die Frauen bereiten ein leckeres Fest_____ (10) mit traditionellen Speisen zu. Auf dem Fest_____ (11) befinden sich sieben Gegenstände, wie zum Beispiel unter anderem Silber_____ (12), Obst und Frühlings_____ (13), die Glück, Gesundheit und Reichtum darstellen sollen. Am Noruz-Tag besuchen die Iraner auch ihre Verwandten oder unternehmen einen Park_____ (14), um die Natur bei ihrem Neuerwachen zu begrüßen.

3   Unbekannte Wörter erschließen (I)

a   Im folgenden Text lernen Sie, unbekannte Wörter aus dem Kontext zu erschließen. Lesen Sie zuerst die Überschrift des Textes.

Der *Tttt* der Maori

01   Die Rituale der Maori haben ihre Wurzeln in der polynesischen Mythologie. Auch heute noch gibt

05   es bei den Maori traditionelle Bräuche. Beispielsweise gibt es einen ganz speziellen ***Tttt***. Dabei sind die rhythmischen Bewegungen bestimmter

10   Körperteile und das gleichzeitige Singen und Schreien ganz entscheidend. Bei diesem ***Tttt*** drücken Hände, Arme, Beine, Füße,

15   Stimme, Augen und Zunge die Gefühle der Maori aus.

b   Das Wort Tttt gibt es im Deutschen nicht. Versuchen Sie nun herauszufinden, für welches deutsche Wort dieses stehen könnte. Folgende Strategiepunkte helfen Ihnen dabei:

Strategiepunkt 1:
Überlegen Sie, ob das unbekannte Wort wichtig für das Verständnis ist.
Nein? Dann lesen Sie im Text weiter. *Ja?* Dann weiter mit nächster Strategie.

Strategiepunkt 2:
Der Text gibt Ihnen wichtige Informationen über das Wort.
Überlegen Sie:
- Um welche Wortart handelt es sich? (Nomen? Verb? Adjektiv? …)
- Welche Wörter im Text geben Hinweise auf die Bedeutung des unbekannten Wortes?

c   Lesen Sie die folgenden Hinweise. Unterstreichen Sie die richtige Lösung.

zu Strategiepunkt 1:
Das unbekannte Wort ist ***wichtig*** / ***unwichtig*** für das Textverständnis, denn es steht in der Überschrift und erscheint mehrmals im Text.

zu Strategiepunkt 2:
Das unbekannte Wort ist groß geschrieben, es handelt es sich also um ***ein Nomen*** / ***ein Verb***.

Das unbekannte Wort ist ***maskulin*** / ***neutrum*** (Überschrift: <u>Der</u> Tttt; Zeile 7: *gibt es ein<u>en</u> ganz speziell<u>en</u> Tttt*)

Die Textstelle Zeilen 8 bis 12: (… *rhythmischen Bewegungen bestimmter Körperteile und das gleichzeitige Singen und Schreien*) zeigt, dass es sich um das maskuline Nomen ***Tanz*** / ***Turm*** handelt.

d Bestimmen Sie nun die unbekannten Wörter (Tttttt und ffffff) in den folgenden Texten. Beachten Sie dabei auch die Strategiepunkte aus 1b.

Moko – *Tttttt* der Maori

01 **Tttttt** sind bei den Maori schon lange
Tradition. In alten Zeiten benutzten die
Maori für diese traditionelle Körperbemalung
Werkzeuge aus Knochen. Deshalb hatte die

05 Haut der Maori früher viele Narben. Die Farbe
für die **Tttttt** stellten die neuseeländischen
Ureinwohner aus Pilzen und Holz her.
Heutzutage verwenden die Maori Nadeln, so
wie alle anderen Liebhaber von **Tttttt** auf

10 der ganzen Welt.

Matariki und andere Feste

01 Etwa zur Zeit der Wintersonnenwende im Juni
ffffff die Maori das neue Jahr. Während des
Matariki pflanzen die Maori
symbolisch neue Bäume und danken so der

05 Erde, dass sie auf ihr leben dürfen.
Aber die Maori **ffffff** auch andere Feste, wie z.B.
das Polyfest.
Zu dieser Veranstaltung kommen viele
polynesische Stämme und **ffffff** gemeinsam bei

10 Tanz, Gesang und Musikwettkämpfen.

Lesetraining

Lesen, Teil 5			
Schriftliche Anweisungen verstehen			
Texte	**Aufgaben**	**Zeit**	**Lesestil**
- 1 Informationstext (z.B. Hausordnung, Anleitung)	4 Items Mehrfachauswahl (3-gliedrig)	ca. 10 Minuten	**selektiv** und **sorgfältig-genau**

1 **Selektives und sorgfältig-genaues Lesen**

Was bedeutet *selektiv und sorgfältig-genaues Lesen?*
Dieser Lesestil eignet sich für Texte, in denen hervorgehobene (fettgedruckte) Textstellen, z.B.
Rubriken oder **Überschriften** eine **schnelle Orientierung** ermöglichen. Man sucht eine bestimmte Information, muss aber zuerst den entsprechenden Abschnitt finden. Danach liest man den Text unter dieser Rubrik/Überschrift sorgfältig-genau, sucht also nach wichtigen Einzelheiten.

a Lesen Sie die folgenden Aussagen und unterstreichen Sie Schlüsselwörter.

1 **Wenn man seinen Schrank aufräumt, dann …**
    a kann man seinen Kleidungsstil verbessern.
    b schafft man Platz für neue Kleidung.
    c sollte man das am Morgen tun.

2 **Beim Aufräumen sollte man …**
    a alles noch einmal anprobieren.
    b die Kleidung in drei Kategorien einteilen.
    c die Kleidungsstücke kombinieren.

3 **Kleidung, bei der man an alte Zeiten denkt, sollte man …**
    a in den Schrank legen.
    b nicht im Schrank lagern.
    c weggeben.

4 **Man sollte …**
    a eine Party für Kleiderspenden organisieren.
    b Hosen nicht in den Schrank legen.
    c Kleidung über das Internet spenden.

b Finden Sie zu den Aufgaben aus 1a die passende Rubrik im Text.

c Lesen Sie nun den jeweiligen Text zu den gefundenen Rubriken aus 1b sorgfältig-genau.
Finden Sie die richtigen Antworten zu den Aufgaben aus 1a. Unterstreichen Sie auch
Schlüsselwörter.

Die nächste Party steht bevor und ihr habt wieder nichts anzuziehen, obwohl der
Kleiderschrank voll ist?
Dann räumt mal euren Kleiderschrank auf, dann findet ihr bestimmt etwas Passendes
für das nächste Fest oder Date.

Ordnung im Kleiderschrank
Sachen, die euch nicht mehr gefallen oder nicht
mehr passen, müssen raus. Dann schafft ihr Platz,
findet morgens schneller eure Kleidungsstücke und
verbessert euer Outfit.

So räumt man richtig auf!
Entscheidet euch, was ihr behalten wollt und was weg
kann.

Alles, was ihr ein Jahr lang nicht getragen habt, kommt weg!
Bildet am besten drei Stapel oder Wäscheberge:
1. Stapel: Das möchte ich behalten!
2. Stapel: Ich weiß noch nicht.
3. Stapel: Das kann weg!

Was mache ich mit dem zweiten Stapel?
Probiert diese Teile an und fragt: Steht mir die Farbe?
Kann man das Stück gut kombinieren? Nein? Dann
weg damit!

Erinnerungsstücke aufbewahren
Legt Erinnerungsstücke in einen Karton und lagert
sie unter dem Bett. So müsst ihr euch von euren
Lieblingsstücken nicht trennen, schafft aber trotzdem
mehr Platz im Schrank.

Schrank wieder richtig (!) einräumen
Sortiert eure Kleidung zuerst nach dem Typ (also Jeans, T-Shirts, Blusen, Pullover ...) und anschließend
nach Farben. Hängt Hosen auf einen Bügel. Das ist besser als sie in den Schrank zu legen. So spart ihr
Platz.

Was passiert mit den aussortierten Klamotten?
Ihr habt drei Möglichkeiten: spenden, verkaufen oder tauschen.
Verkaufen könnt ihr sie z.B. auf einem Flohmarkt oder im Internet.

Tipp: Tauscht eure Klamotten auf Kleidertausch-Partys! So eine Party könnt ihr bei euch zu Hause bei
toller Musik und Snacks organisieren.

d Bearbeiten Sie nun den Modelltest 1, Lesen, Teil 5 auf Seite 44.

Modelltest 1 - Teil 5

Lesen Sie die Aufgaben 27 bis 30 und den Text dazu.
Wählen Sie bei jeder Aufgabe die richtige Lösung a, b oder c.

Sie informieren sich über das Programm der Halloween-Party im Jugendzentrum,
die Sie besuchen möchten.

27   Gäste unter 16 Jahren …

a   dürfen mit ihren volljährigen Freunden bleiben.

b   dürfen nach Mitternacht nur in Begleitung von erwachsenen Verwandten bleiben.

c   müssen nach 24 Uhr nach Hause gehen.

28   Für Essen und Trinken gilt:

a   Man darf eigenes Essen mitbringen.

b   Man darf nur Getränke mitbringen.

c   Man darf weder Speisen noch Getränke mitbringen.

29   Wenn man sich nicht an die Kleiderordnung hält, …

a   darf man nicht an der Party teilnehmen.

b   darf man trotzdem mitfeiern.

c   muss man sich umkleiden.

30   Man sollte auf die Party am besten …

a   mit dem Auto kommen.

b   mit dem Bus des Jugendzentrums kommen.

c   z. B. mit Bus oder Bahn kommen.

Halloween Party

Party-Ordnung

Zeiten

Die Party beginnt offiziell um 21 Uhr und dauert bis spätestens 2 Uhr.
Jugendliche unter 16 Jahren dürfen nach Mitternacht
nur in Begleitung ihrer Eltern, volljährigen Geschwister
oder anderer volljähriger Verwandten
an der Party teilnehmen.

Kostüme

Für diejenigen Gäste, die sich festlich verkleiden oder schminken möchten,
stellen wir Umkleideräume für Jungen und Mädchen bereit.
In diesen Räumen ist auf Sauberkeit zu achten.
Kostüme, die mit Krieg oder Gewalt zu tun haben,
sind auf unserer Party unerwünscht.
Wer diese Bestimmung trotzdem missachtet,
muss draußen bleiben.

Programm

Wir wünschen uns ein buntes, multikulturelles Programm.
Wer Vorschläge zum Musik- und Spielprogramm machen möchte,
kann diese bis zum 24. Oktober per E-Mail einreichen.
Später sind keine Programmänderungen mehr möglich.

Speisen und Getränke

Der Konsum von eigenen Getränken und Lebensmitteln
ist nicht gestattet.
Ihr könnt in unserer Kantine Essen und Getränke
zu sehr günstigen Preisen kaufen.
Alkoholkonsum für Jugendliche unter 16 ist untersagt.

Rauchen

Rauchen ist nur draußen vor dem Jugendzentrum erlaubt.
Benutzt bitte die dafür vorgesehenen Aschenbecher.

Müllentsorgung

Abfälle sollen in den verschiedenen Müllbehältern,
die dafür vorgesehen sind, entsorgt werden.
Bitte keine Flaschen in die Papiercontainer!

Sicherheit

Knaller, Böller, Messer sowie andere gefährliche Gegenstände
sind streng verboten.
Wer sie mit sich führt, bekommt ein Hausverbot.

Parkmöglichkeiten

Die Anzahl der Parkplätze auf dem Hof des Jugendzentrums ist begrenzt.
Es wird daher empfohlen, die öffentlichen Verkehrsmittel zu benutzen.

Gesundheit

Wie kann man gesund leben?

Als ich klein war und oft krank wurde, hat sich meine Oma **um mich gekümmert**. Sie hat mir einen Hustensaft gegeben und eine warme Hühnersuppe für mich gekocht. Sie kannte viele Rezepte für natürliche Therapie mit Pflanzen und Heilkräutern. Wenn ich erkältet bin und **ich mich unwohl fühle,**, muss ich immer an ihre liebevolle Pflege zurückdenken. Sie war die beste **Ärztin** und **Krankenschwester** der Welt. Dank ihrer Weisheit führe ich **ein gesundes Leben**, nehme nur selten **Medikamente** und höre auf meinen **Körper**. Ich achte auch auf meinen **Schlaf** und auf meine Ernährung, ich esse Speisen, die viele **Vitamine** enthalten. Natürlich verzichte ich auf Alkohol und Zigaretten. Deshalb kenne ich ein **Krankenhaus** eigentlich nur von außen und **Schmerztabletten** nur aus der Werbung. Das alles habe ich meiner Oma zu verdanken. Ich sehe sie noch heute vor mir, wie sie meine **Temperatur** gemessen hat , sich lächelnd zu mir neigte und mir **„Gute Besserung!"** wünschte.

1 **Ergänzen Sie die Sätze mit passenden Ausdrücken aus dem obigen Text in der richtigen Form.**

1 Sport, die richtige Ernährung und ausreichend _____ gehören zu _____.

2 Ich wünsche Ihnen _____!

3 Ich esse Obst, weil es viele _____ hat.

4 Wenn ich mich _____, rufe ich meinen Hausarzt an.

5 Er wurde nach einem schweren Unfall sofort ins _____ gebracht. Dort hat sich eine nette _____ um ihn _____.

6 _____ und andere _____ sollte man am besten nur dann zu sich nehmen, wenn man zuvor mit seinem Hausarzt darüber gesprochen hat.

7 Meine Tochter möchte gern Medizin studieren und _____ werden.

8 Dein ganzer _____ ist so heiß. Ich glaube, du hast Fieber und musst unbedingt deine _____ messen.

2 Informationen in einem Text finden

a Lesen Sie den Text.

01 Für die einen sind sie etwas, worauf sie
schon lange gewartet haben: Endlich ein
Programm auf dem Smartphone, das über
die Körpertemperatur, die Qualität des
05 Schlafs oder die Kilometer, die man jeden
Tag läuft, informiert! Für die anderen ist
es ein absoluter Unsinn. Die Gesundheits-
Apps können uns tatsächlich viele nützliche
Informationen geben: Man kann z.B.
10 erfahren, wie viele Kalorien eine Speise
enthält, den Herzschlag messen und darüber
Informationen bekommen, wie lange man
noch in der Sonne bleiben kann. Experten
sind der Meinung, dass diese neuen
15 Programme durchaus sinnvoll sein können.
Aber sie warnen auch: Die Apps dienen nur
zur Information, sie sind keine Ärzte. Zudem
sind die Messungen manchmal ungenau
und können bei den Nutzern Stress und
20 sogar Ängste verursachen. In solchen Fällen
sind sie dann eher schädlich als nützlich. Die
Apps sind nur dann empfehlenswert, wenn
wir sie mit Vorsicht nutzen. Dann helfen sie
unserem Körper und unserem psychischen
25 Wohlbefinden.

b Lesen Sie die Fragen. Notieren Sie die Zeilen des Textes, die Ihnen bei der
Beantwortung der Fragen geholfen haben.

1 Was sind Gesundheits-Apps?

Zeilen 2 bis 6, ...

2 Wie finden die Experten die Apps?

3 Kann man die Nutzung der Apps empfehlen?

4

A Wortschatz und Strukturen

1 Wörter kategorisieren

a Lesen Sie den Blog.

Kellys **Antifrust** blog.de

Heute hatte ich ein kleines – leider sehr einseitiges – Gespräch mit unserer Sportlehrerin. Die meinte, dass Bewegung das allerwichtigste für die Gesundheit sei. Daraufhin entgegnete ich, dass es doch noch viele andere Faktoren – außer Sport – gebe, die unsere Gesundheit beeinflussten. Leider ließ mich unsere Lehrerin nicht ausreden und ich konnte gar nicht alles sagen, was ich eigentlich wollte. So schreib ich mir nun meinen Frust von der Seele und veröffentliche hier meine Ansichten zum Thema.

Also am allerwichtigsten finde ich Optimismus und positives Denken. Wenn wir das nicht haben, nützt auch das tägliche Training unseres Körpers nichts. Es ist ja bewiesen, dass Sportler mit schlechter Laune, schlechtere Leistungen erbringen. Auch Selbstbewusstsein und ein gutes Gewissen tragen zu einem gesunden Leben bei. Wenn man Gutes tut, fühlt man sich doch viel besser und fast sorgenfrei. Aber natürlich sollte man auch an sich selbst denken und Zeit für sich selbst finden: zum Nachdenken, zur Meditation, zur Entspannung. So kann man Stress vermeiden oder zumindest verringern. Und natürlich spielt auch die gesunde Ernährung eine große Rolle. Die trägt zur guten Laune bei, was auch sehr wichtig für die Gesundheit ist. Und nicht zuletzt:
Lachen!!!!! Denn Lachen ist gesund!

b Finden Sie zur unten stehenden Mindmap passende Begriffe aus dem Text aus 1a. Einige Begriffe passen mehrmals.

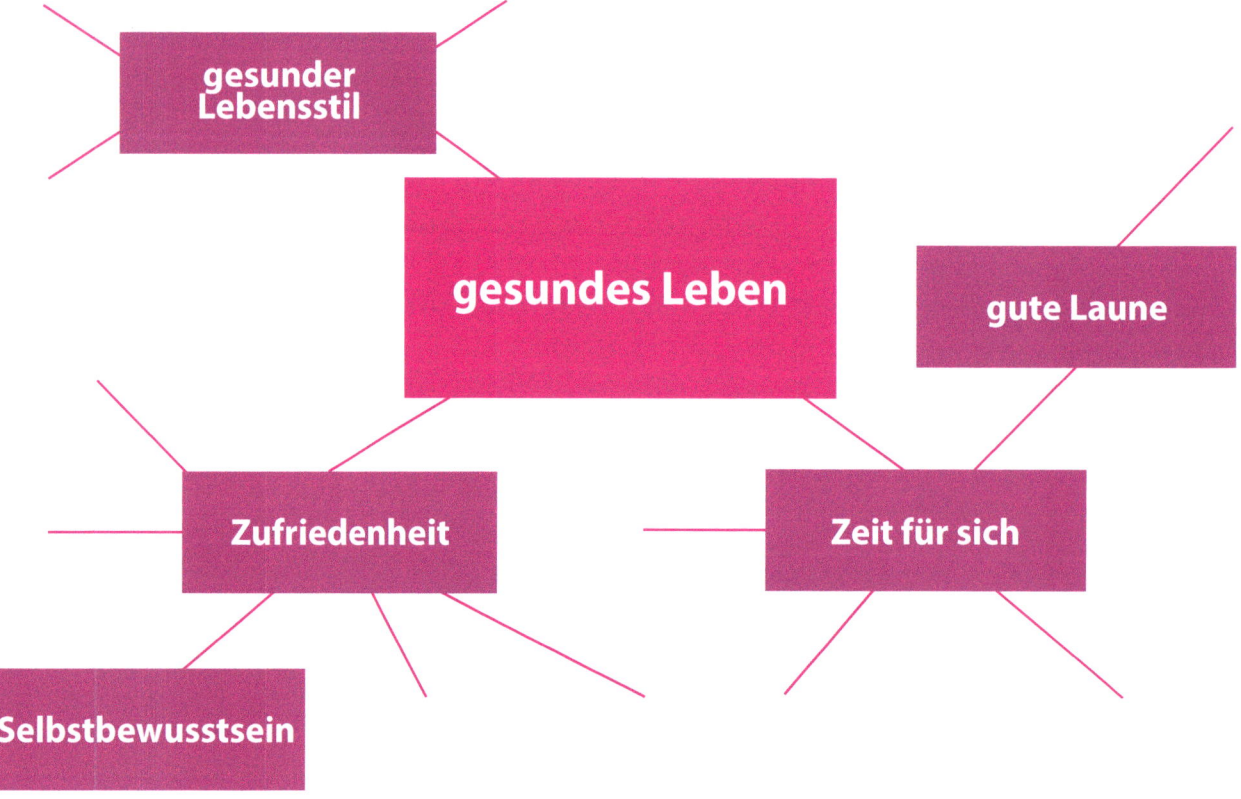

2 Nomen: Komposita

a Bilden Sie mithilfe der Fotos Komposita zum Thema Ärztin. Notieren Sie.

_____

_____

HNO-Ärztin[1]

_____

_____

[1] HNO-Ärztin: Hals-Nasen-Ohren-Ärztin

b Ordnen Sie die Wörter aus dem Kasten den Kategorien in der Tabelle zu. Mehrfachnennungen sind möglich.

der Arzt | der Besuch | die Erste Hilfe | die Gesundheit |
der Kranke | das Krankenbett | der Krankenpfleger | der Krankenwagen |
die Krankheit | das Medikament | der Notarzt | die Operation |
die Pflege | der Pharmazeut | der Physiotherapeut | die Pille |
der Schmerz | die Tablette | der Unfall | die Untersuchung | der Verletzte

das Befinden	die Gesundheit	das Personal	
der Patient		**die Behandlung**	
der Notfall		**die Medizin**	

Hinweis:
Das Erkennen von Komposita hilft Ihnen bei der Erschließung unbekannter Komposita.
Komposita können z.B. wie folgt gebildet werden:
Nomen + Nomen (der Kranke + der Pfleger = der Krankenpfleger)
Verb + Nomen (warten + das Zimmer = das Wartezimmer)
Adjektiv + Nomen (frisch + die Luft = die Frischluft)
Adverb + Nomen (nicht + der Raucher = der Nichtraucher)

c Notieren Sie aus dem Kasten aus 2b die Komposita.

das Krankenbett, _____

_____

d Bilden Sie mit den Begriffen aus 2b – wo möglich – neue Komposita.
Benutzen Sie auch ein Wörterbuch.

der Arztbesuch, _____

_____

e **Wählen Sie fünf Komposita aus 2c oder 2d und erklären Sie diese.**

Ein Krankenbett ist ein Bett für Kranke. _____

_____

_____

_____

_____

_____

3 Wortbildung

a Bilden Sie zu folgenden Nomen die entsprechenden Verben.
Benutzen Sie auch ein Wörterbuch.

1	der Besuch	_besuchen_	5	der Schmerz	_____
2	die Hilfe	_____	6	die Untersuchung	_____
3	die Operation	_____	7	der Verletzte	_____
4	die Pflege	_____	8	der Raucher	_____

b Bilden Sie zu den folgenden Nomen die entsprechenden Adjektive bzw. Partizipien.

1	der Arzt	_ärztlich_	5	die Hilfe	_____
2	die Erkältung	_____	6	die Krankheit	_____
3	die Gesundheit	_____	7	die Müdigkeit	_____
4	das Herz	_____	8	der Verletzte	_____

4 Passiv

a Was geschieht in einem Krankenhaus? Bilden Sie Sätze im Passiv.

1	den Krankenpfleger rufen:	_Der Krankenpfleger wird gerufen._
2	Rezepte schreiben:	_____
3	Medikamente verschreiben:	_____
4	Patienten untersuchen:	_____
5	Kranke operieren:	_____
6	den Notarzt rufen:	_____
7	Labortests machen:	_____
8	den Blutdruck messen:	_____

b Was muss in einem Krankenhaus getan werden?
Bilden Sie Sätze im Passiv wie im Beispiel. Verwenden Sie die Ausdrücke aus 4a.

1	_Der Krankenpfleger muss gerufen werden._
2	_____
3	_____
4	_____
5	_____
6	_____
7	_____
8	_____

4

B Lesetraining

1 Lesen, Teil 1

a   Bringen Sie die Strategiepunkte in die richtige Reihenfolge.

☐ Ich überprüfe meine Lösungen und übertrage sie auf den Antwortbogen.

☐ Ich lese die Aufgaben und unterstreiche Schlüsselwörter.

☐ *1* Ich lese die ersten beiden Sätze des Textes, um das Thema zu erkennen.

☐ Ich lese den gesamten Text und notiere am Rand die Nummer der entsprechenden Aufgabe.

☐ Ich vergleiche die Aussagen der Aufgaben mit den Informationen aus dem Text.
Ich kreuze Richtig oder Falsch an.

b   Lesen Sie folgende Hinweise und Tipps zum Lesen, Teil 1.

✓ In Teil 1 bekommen Sie einen längeren Text (Blogbeitrag, E-Mail, Brief).
Es geht hier um **Alltagserlebnisse** und **Erfahrungsberichte**.
✓ Es geht darum, die „**Geschichte**" zu **verstehen**.
Haben Sie also keine Angst, wenn Sie einige Wörter nicht verstehen.
✓ Lösen Sie **erst** die **Aufgaben**, die Ihnen **leicht** erscheinen und später die schwierigeren. So sparen Sie Zeit!
✓ **Vorsicht** bei Aussagen, die teilweise **wortwörtlich** im Text vorkommen.
Das kann möglicherweise eine **Falle** sein.

c   Wenden Sie die Strategiepunkte aus 1a bei folgender Aufgabe an.
Beachten Sie auch die Tipps und Hinweise aus 1b.

ElliesGesundheitsBlog.de

Einer der Gründe, warum ich Bloggen so liebe, ist der persönliche Austausch mit euch. Eine Frage taucht jedoch so häufig auf, dass ihr euch ganz bestimmt über einen Post darüber freuen werdet: das Thema *Gesundes Essen in Berlin*. Wie ihr wisst, hatte ich ja ein Hammer-Wochenende in unserer Hauptstadt – einem wahren *Gesundheits-El Dorado*, wo es an jeder Ecke Bio-Läden gibt! Das letzte Mal war ich 2014 dort und seitdem ist das Bewusstsein der Berliner für gesunde Ernährung stark gestiegen.
Von drei tollen Restaurants muss ich euch unbedingt erzählen: Das „Restlos Glücklich", das „Daluma" und das „The Bowl". Alle drei Restaurants haben mich wieder mal ganz traurig gemacht, nicht in Berlin zu leben. Das „Restlos Glücklich" ist ein Restaurant in Neukölln, in dem beim Kochen nur Reste verwendet werden, die große Biomarkt-Ketten normalerweise wegwerfen würden: Krumme Gurken und Erdbeeren (also sogenannte *Misfits*) oder falsch etikettierte oder fehlerhafte Ware, aber keinesfalls Waren, deren Haltbarkeitsdauer abgelaufen ist. Diese überschüssigen Lebensmittel bekommen in diesem schnuckeligen Restaurant eine zweite Chance und die Gewinne gehen an regionale Bildungsprojekte, die einen gesundheits- und umweltbewussten Umgang mit Lebensmitteln vermitteln sollen. Das finde ich super. Beeindruckt hat mich hier, dass nur die Köche eine normale Anstellung haben. Alle anderen Mitarbeiter arbeiten hier neben ihren Vollzeitjobs ehrenamtlich, weil sie ganz fest an dieses Projekt glauben. Find ich klasse! Ob so eine Freiwilligenarbeit in meiner Kleinstadt möglich wäre, bezweifle ich allerdings. Jedenfalls hatte ich mir hier ein leckeres veganes Menü bestellt: einen gemischten Salat mit süß-sauer eingelegten Radieschen und Spicy Porree, zur Hauptspeise sautierten Brokkoli mit Paprika-Bulgur und Mangold auf geräucherter Auberginencreme (na ja, die hat mir ehrlich gesagt nicht so toll geschmeckt) und zur Nachspeise einen leckeren Pfirsich-Crumble. Von dem Konzept des Restaurants bin ich absolut begeistert und ich denke, dass das Bildungsprojekt, welches hinter diesem Restaurant steckt, mehr Aufmerksamkeit verdient hat. Schaut doch einfach mal bei eurem nächsten Berlinbesuch bei „Restlos Glücklich" vorbei oder informiert euch unter *restlos-glueccklich.berlin/contact*. Morgen erzähle ich euch über die beiden anderen Restaurants.
Also bis bald!

Beispiel:

0   Elli schreibt, weil sie ihre Gedanken gern mit
    anderen teilt.
    ~~Richtig~~   Falsch

1   Elli möchte nicht gern in Berlin leben.
    Richtig   Falsch

2   Elli beschreibt drei Berliner Restaurants.
    Richtig   Falsch

3   Im „Restlos Glücklich" wird mit Lebensmitteln
    gekocht, die weggeworfen wurden.
    Richtig   Falsch

4   Die Bildungsprojekte haben unter anderem eine
    gesündere Ernährung zum Ziel.
    Richtig   Falsch

5   Alle Mitarbeiter des Restaurants arbeiten dort
    ehrenamtlich.
    Richtig   Falsch

6   Elli fand das vegane Menü nicht so gut.
    Richtig   Falsch

d   Bearbeiten Sie nun den Modelltest 2, Lesen, Teil 1 auf Seite 58.

2 Lesen, Teil 2

a Bringen Sie die Strategiepunkte in die richtige Reihenfolge.

☐	Ich lese den Text einmal schnell durch und versuche das Thema zu erkennen (erste Aufgabe).
☐	Ich suche zu den anderen beiden Aufgaben die entsprechenden Textstellen und unterstreiche die passenden Informationen.
☐	Ich überlege, welche der Aussagen a, b oder c zu den Informationen im Text passen.
1	Ich lese die Überschrift und die erste Aufgabe und versuche das Thema des Artikels zu verstehen.
☐	Ich lese die anderen beiden Aufgaben und unterstreiche Schlüsselwörter.
☐	Ich überprüfe meine Lösungen und übertrage sie auf den Antwortbogen.

b Lesen Sie folgende Hinweise und Tipps zum Lesen, Teil 2.

- ✓ In Teil 2 bekommen Sie **zwei Sachtexte** (Zeitungsartikel, Artikel aus einer Zeitschrift, einem Prospekt oder einer Broschüre).
- ✓ Es geht bei der **ersten Aufgabe** um die **Hauptaussage** und nicht um Details.
- ✓ Bei der **zweiten** und **dritten Aufgabe** geht es um **Details**.
- ✓ **Möglicherweise** stehen die Aufgaben **nicht in der Reihenfolge**, in der sie im Text vorkommen.

c Wenden Sie die Strategiepunkte aus 2a bei folgender Aufgabe an.
Beachten Sie auch die Tipps und Hinweise aus 2b.

Smoothies
Gesund, natürlich und voller Vitamine! In einer 100 ml-Flasche sollen z.B. ein Apfel, zwei Karotten und zwei Erdbeeren enthalten sein. Aber: Halten Smoothies, was sie versprechen?

Eigentlich weiß ja jeder, dass man täglich fünf kleine Portionen Obst und Gemüse essen sollte. Doch statt eines gesunden Frühstücks mit Obst, schlingen wir schnell ein Wurstbrot hinunter, um den nächsten Bus zu bekommen. Also warum nicht noch schnell einen Smoothie trinken? So hat man innerhalb von Sekunden für die notwendigen Vitamine gesorgt. So verspricht es die Werbung.

Aber: Smoothies sind oft nur ganz normale Fruchtsäfte. Hier wird nur das reine Fruchtfleisch verwendet und nicht die Schale der Früchte, in der doch so viele wertvolle Vitamine stecken. Außerdem ist es jedem Smoothie-Hersteller selbst überlassen, welche Inhaltsstoffe sein Produkt enthält.

Weitere Nachteile: Smoothies machen nicht satt und preislich liegen sie deutlich über frischem Obst und Gemüse. Und was passiert eigentlich mit den kleinen Plastikfläschchen? Die müssen wieder recycelt werden.

Fazit: Smoothies schmecken und sind eine sinnvolle Alternative, um ab und zu frisches Obst und Gemüse zu ersetzen. In Maßen getrunken, ist nichts gegen sie einzuwenden. Aber eine Bereicherung für unsere Esskultur sind sie eher nicht.

1	**In diesem Text geht es …**		a	darum, dass man Smoothies nicht kaufen sollte.
			b	um die Herstellung eigener Smoothies.
			c	um die Vor- und Nachteile von Smoothies.

2	**Smoothies …**		a	sind ökologisch unproblematisch.
			b	sind teurer als frisches Obst und Gemüse.
			c	werden nach einem einheitlichen Rezept hergestellt.

3	**Wenn man Smoothies trinkt, …**		a	bekommt man genug Vitamine.
			b	verbessert man die Esskultur.
			c	wird man schnell wieder hungrig.

d Bearbeiten Sie nun den Modelltest 2, Lesen, Teil 2 auf Seite 60.

3 **Lesen, Teil 3**

a Bringen Sie die Strategiepunkte in die richtige Reihenfolge.

☐	Ich schreibe den entsprechenden Buchstaben der Anzeige (bzw. die Null bei Nulllösung) hinter die Situation 1.
☐	Ich streiche die Anzeige durch, da ich sie nicht mehr verwenden kann. (Nur wenn ich sicher bin, die richtige Lösung gefunden zu haben!)
☐	Ich lese die Anzeigen suchend-selektiv und dann sorgfältig-genau.
☐	Ich lese die erste Situation und unterstreiche Schlüsselwörter.
1	Ich lese zuerst die Einleitung, um das Thema der Aufgaben und Anzeigen zu erkennen.
☐	Ich verfahre mit den übrigen Situationen genauso.
☐	Ich überprüfe meine Lösungen und übertrage sie auf den Antwortbogen.

b Lesen Sie folgende Hinweise und Tipps zum Lesen, Teil 3.

✓ In Teil 3 bekommen Sie **zehn kurze Anzeigen** aus dem Internet oder aus der Zeitung.

✓ Auf den **ersten Blick** scheinen fast immer **zwei Anzeigen** zusammenzupassen. **Lesen** Sie diese Anzeigen **genau** durch und **achten** Sie dabei **auf alle Einzelheiten**. Entscheiden Sie dann, welche Anzeige tatsächlich zur Situation passt.

✓ Es gibt **eine Aufgabe** zu der **keine Anzeige** passt.

✓ Sollten Sie bei einer Aufgabe **nicht sicher** sein, dann schreiben Sie erst einmal ein **Fragezeichen** hinter die Aufgabe und machen Sie mit den anderen Aufgaben weiter.

✓ **Streichen** Sie die Anzeige des Beispiels **durch**. Verfahren Sie so auch mit allen anderen Anzeigen, die Sie schon zugeordnet haben. So sparen Sie Zeit.

c Wenden Sie die Strategiepunkte aus 3a bei folgender Aufgabe an.
Beachten Sie auch die Tipps und Hinweise aus 3b.

Im Internet suchen folgende Personen Informationen zum Thema Wellness und Wohlbefinden.

Beispiel:

0 Corinna sucht für ihre Bibliothek Bücher über Wellness. Sie möchte aber nicht viel Geld ausgeben.   Anzeige: *d*

1 Linda möchte gern in Nordrhein-Westfalen eine Ausbildung zur Masseurin machen.   Anzeige: _____

2 Marvin sucht für sich und seine Frau eine Wellness-Reise nach Thailand.   Anzeige: _____

3 Birte möchte gern auch in kälteren Jahreszeiten gebräunt aussehen.   Anzeige: _____

4 Vincent baut ein Haus und sucht eine Sauna für sein neues Zuhause.   Anzeige: _____

5 Jörn möchte eine Wellnessreise für sich und seine Frau buchen. Er kann aber am Wochenende nicht verreisen.   Anzeige: _____

Wie am Mittelmeer!
Verkaufe
Ganzkörper-Bräuner
für nur 150 Euro!
Endlich das ganze Jahr wunderschön braun –
auch ohne Urlaub am Mittelmeer!
Der Bräuner ist fast neu,
einfach zu bedienen
und sorgt für optimale
und gleichmäßige Bräune.
Chiffre Nr. 098738

SAUNAZAUBER
Brauchen Sie Entspannung und Ruhe?
Möchten Sie ein gesundes Leben führen?
Dann sind wir diejenigen, die Ihre Träume
Realität werden lassen!
Wir bauen Ihre persönliche Traum-Sauna.
Bestellen Sie bequem per Internet
aus unserem Online-Katalog!
www.SaunaZauber.at

Ausbildung zum Masseur
Wir suchen noch
drei **Auszubildende**
für **Thai-Massagen**.
Die Ausbildung findet in Thailand
in weltbekannten Tempeln statt.
Studienbeginn: September
Informationen: 049 30 3764536

Verschenke
drei neue **Wellness-Bücher**
mit zahlreichen Anregungen,
Informationen und Tipps
zu den Themen
Pflege, **Fitness** und **Entspannung**
für zu Hause.
Bevorzugt an Selbstabholer.
Kann aber auch gegen Aufpreis
versendet werden.
*Durchstöbern Sie auch gerne
meine anderen Anzeigen hier*

Wellness-Bücher
aller Art gesucht!
Wer verkauft oder verschenkt seine
alten Wellness-Bücher?
Kosten für Versand werden
übernommen.
gertboehme@gsail.ch

Wellness für Zwei
Wir erwarten Sie
ganzjährig – außer an Sonn- und Feiertagen –
in unserem wunderschönen Erzgebirge!
• Frisch gepresster Saft zur Begrüßung
• Rosenblütenwasser-Fußbad
• Fußreflexzonenmassage (30 Minuten)
• Aromaölmassage (90 Minuten)
• Saunabesuch rund um die Uhr
www.Wellness-studio.de

Sonne im Winter!
Sie suchen Entspannung pur?
Sie haben den grauen Winter satt?
Dann buchen Sie noch heute
und fliegen Sie ans Mittelmeer!
Super Hotels – super Service – super
Preise!
www.abansmittelmeer.at

Traumberuf MasseurIn?
Bieten in allen Bundesländern
staatlich anerkannte Massage-Kurse an.
Lymphdrainage
Rhythmische Massage
Shiatsu
Thai-Massage
Wasser-Shiatsu
Schicken Sie heute noch Ihre Bewerbung an:
info@massagekurse.de

d Bearbeiten Sie nun den Modelltest 2, Lesen, Teil 3 auf Seite 62.

Lesen Sie den Text und die Aufgaben 1 bis 6 dazu.
Wählen Sie: Sind die Aussagen *Richtig* oder *Falsch*?

TinasBlog **Lust** am **Leben** .at

Ich habe euch schon häufig meine Kochrezepte vorgestellt und auch einige Tipps zur gesunden Ernährung gegeben, aber noch nie habe ich euch erzählt, warum ich eigentlich einen so großen Wert darauf lege. Es ist mir immer noch ein bisschen peinlich, davon zu erzählen, aber ich tue es trotzdem, um euch zu zeigen, dass es möglich ist, sein Leben radikal zu ändern.

Ich war nicht immer eine Person, die sich bewusst ernährt hat. Im Gegenteil: Als Studentin trank ich Unmengen Kaffee, häufig auch abends und ich lebte auch sonst sehr ungesund. Zum Beispiel rauchte ich sehr viel und am Wochenende ging ich bis zum frühen Morgen aus und schlief nur wenig. Da ich damals in Wien studierte, genoss ich natürlich die lokalen Süßigkeiten sehr und ließ keine Gelegenheit aus, einen Kuchen oder eine Torte zu verdrücken. Manchmal habe ich nicht gefrühstückt, sondern aß erst mittags eine Sachertorte in einem der Kaffeehäuser. Gesunde Ernährung wie Obst und Gemüse hasste ich damals und machte mich über die „grünen Gesundheitstanten" lustig, die immer nur Bio-Produkte zu sich nahmen.

Und das alles wäre wahrscheinlich auch so geblieben, wenn ich nicht eines Tages ernsthaft erkrankt wäre. Ich konnte mich kaum bewegen und sogar die kleinste Bewegung tat mir weh. Bei einer ärztlichen Untersuchung waren die Cholesterin- und Zuckerwerte sehr hoch, obwohl ich kaum 25 Jahre alt war. Mein Arzt machte sich große Sorgen um meine Zukunft. „Sie haben keine andere Wahl. Sie müssen Ihr Leben ändern", sagte er zu mir. Ich bekam wirklich Angst und beschloss einen Neubeginn. Anfangs war es wirklich schwer. Vor allem die Zigaretten und die Süßigkeiten fehlten mir und das ganze grüne Zeug schmeckte nach gar nichts. Doch dann ging es mir langsam besser.

Seitdem ich mich gesund ernähre, lebe ich schmerzfrei. Ich glaube, ich übertreibe nicht, wenn ich sage: Ich fühle mich wie neu geboren. Ich habe jetzt Lust, bin aktiv, und Obst sowie grünen Salat finde ich inzwischen auch sehr lecker. Ja, meine Lieben. Alles geht, wenn man es nur möchte!

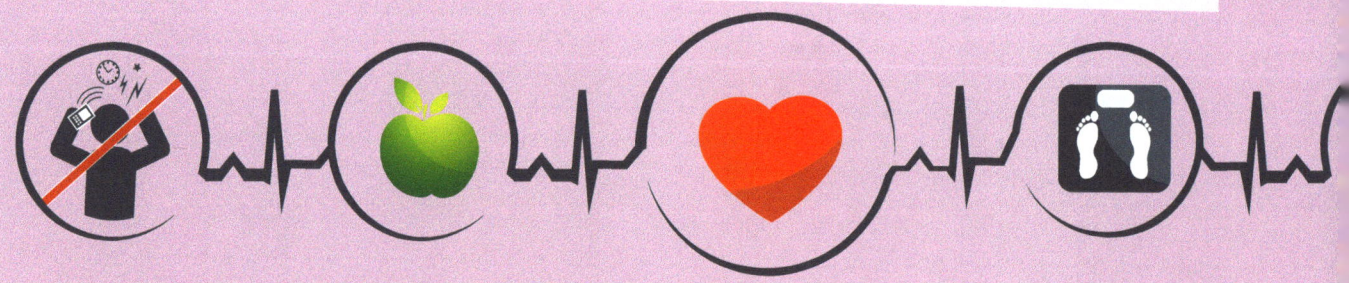

Beispiel:

0 Tina schreibt zum ersten Mal über persönliche Gründe für gesunde Ernährung.

~~Richtig~~	Falsch

1 Tina berichtet stolz über ihre früheren Essgewohnheiten.

Richtig	Falsch

2 Als Studentin trank sie nicht nur tagsüber Kaffee.

Richtig	Falsch

3 Tina respektierte schon immer Menschen, die sich gesund ernähren.

Richtig	Falsch

4 Ohne die Krankheit hätte sie wahrscheinlich ihre Gewohnheiten nicht geändert.

Richtig	Falsch

5 Der Neuanfang fiel ihr nicht besonders schwer.

Richtig	Falsch

6 Heute ist Tina richtig zufrieden.

Richtig	Falsch

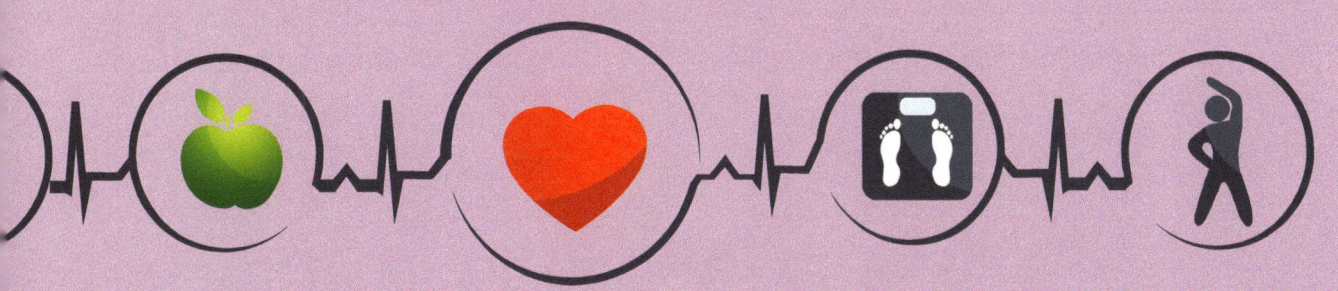

4

**Lesen Sie den Text und die Aufgaben 7 bis 9 dazu.
Wählen Sie bei jeder Aufgabe die richtige Lösung a, b oder c.**

Gesundheitsreisen
Wie man die Welt und den eigenen Körper entdecken kann

Früher galten Besuche von Heilbädern und anderen Kurorten als etwas für ältere Personen. Und obwohl die Senioren die verschiedenen Angebote des Gesundheitstourismus nach wie vor sehr gern nutzen, werden diese zunehmend auch für andere Altersgruppen attraktiver. Für den Erfolg der Gesundheitsreisen gibt es verschiedene Gründe: Zum einen die Zunahme von sogenannten Zivilisationskrankheiten wie Herz-Kreislauf-Erkrankungen, Diabetes und Allergien bei immer jüngeren Menschen, zum anderen ein neues Gefühl von Verantwortung für den eigenen Körper. Dabei ist die Auswahl an verschiedenen Angeboten sehr bunt und vielseitig: Neben den klassischen Wellness-Programmen mit Gymnastik, Massage und Entspannungsübungen innerhalb Europas gibt es auch Reisemöglichkeiten in die fernsten Länder der Welt. Dort suchen die Touristen hauptsächlich nach interkulturellen Begegnungen mit Philosophie und Medizin anderer Kulturen. Für die Besucher aus Europa ist es eine einmalige Gelegenheit, das uralte Wissen um die Geheimnisse des menschlichen Körpers neu zu entdecken. Zu den beliebtesten Reisezielen zählt China. Was die Besucher hier am meisten beeindruckt, ist sicherlich ein ganz anderes Verständnis von Krankheitsursachen. Für die chinesische Medizin steht nämlich der ganze Mensch im Zentrum und Krankheit bedeutet vor allem eine Störung der Beziehung zwischen Körper und Geist. Deshalb muss ein Patient zuerst sich selbst und seine inneren Konflikte kennenlernen und verstehen.

Beispiel:

0   Die Gesundheitsreisen sind …
- a   bei Älteren nicht mehr so beliebt.
- b   beliebt bei Jung und Alt.
- c   vor allem bei Jugendlichen sehr gefragt.

7   In diesem Text geht es um …
- a   Diabetes und Allergien bei Reisenden.
- b   die Gründe für die Popularität der Gesundheitsreisen.
- c   medizinische Studienreisen.

8   Die Auswahl …
- a   besteht aus einem sehr reichen klassischen Programm.
- b   besteht vor allem aus Reisen in fremde Länder.
- c   ist sehr groß.

9   Touristen interessieren sich für …
- a   den Austausch mit anderen Kulturen.
- b   die Geheimnisse der Medizin.
- c   neue Entdeckungen in der Medizin.

Lesen Sie den Text und die Aufgaben 10 bis 12 dazu.
Wählen Sie bei jeder Aufgabe die richtige Lösung a, b oder c.

Das schmutzige Mittelalter[1]?

Denken wir an das Mittelalter, so kommen uns neben Burgen und Schlössern auch Bilder von schmutzigen und stinkenden Städten und ungepflegten Menschen in den Sinn. Aber war denn diese Epoche tatsächlich so dunkel und unhygienisch? Fakt ist, dass es viele Hygienemaßnahmen, wie wir sie heute für selbstverständlich halten, nicht gab. Dazu zählen z.B. das Zähneputzen oder das tägliche Waschen.

Andererseits dürfen wir bei unserer Bewertung des Mittelalters nicht vergessen, dass die damaligen Menschen viel weniger Zucker aßen als wir das heute tun. Somit hatten die Menschen des Mittelalters kaum Probleme mit Karies, der ja eine der vielen Folgen von zu hohem Zuckerkonsum ist. Natürlich hatten sie auch Zahnschmerzen und gingen bei derartigen Problemen zum Barbier oder zum Bader. Eine Zahntherapie gab es, trotz zahlreicher schmerzlindernder Pflanzen, meistens nicht und so wurde der schmerzende Zahn einfach gezogen.

Bader und Barbier kümmerten sich aber auch um andere Dinge, wie z.B. das Haare- und Bartschneiden bei den Männern. Aber die Damen dieser Epoche, die ihre Haarpracht täglich pflegten, mussten ihre Haare oft unter Hauben, einer typischen Kopfbedeckung dieser Zeit, verstecken, denn vor allem verheirateten Frauen war es nicht erlaubt, ihr Haar in der Öffentlichkeit zu zeigen.

Übrigens haben Untersuchungen ergeben, dass heutige europäische Kinder wesentlich mehr Schadstoffe im Haar haben als der Durchschnittsmensch im Mittelalter.

[1] Mittelalter: Epoche ca. zwischen dem 5. und 15. Jahrhundert in Europa

10	**In diesem Text geht es um …**	a	den hygienischen Alltag im Mittelalter.
		b	Folgen der schlechten Hygiene im Mittelalter.
		c	Krankenpflege im Mittelalter.
11	**Im Mittelalter …**	a	konsumierten die Menschen mehr Zucker als heute.
		b	lag die Hygiene vor allem in der Hand von Bader oder Barbier.
		c	wurden bei Schmerzen keine Pflanzen verwendet.
12	**Die Frau des Mittelalters …**	a	ging zum Haareschneiden zum Barbier oder Bader.
		b	hatte normalerweise weniger schädliche Stoffe in ihrem Haar als heutige Kinder.
		c	versteckte ihre ungepflegten Haare unter einer Haube.

Arbeitszeit
10 Minuten

Lesen Sie die Situationen 13 bis 19 und die Anzeigen a bis j aus verschiedenen deutschsprachigen Medien.
Wählen Sie: Welche Anzeige passt zu welcher Situation?
Sie können jede Anzeige nur einmal verwenden. Die Anzeige aus dem Beispiel können Sie nicht mehr verwenden. Für eine Situation gibt es keine passende Anzeige. In diesem Fall schreiben Sie 0.

Im Internet suchen folgende Personen Informationen zum Thema Gesundheit.

Beispiel:

0 Ursula interessiert sich für die Geschichte der Medizin. Anzeige: _j_

---

13 Raffaela hat beim Training ihre Brille zerbrochen. Anzeige: _____

14 Bernd ist starker Raucher und möchte mit dem Rauchen aufhören. Anzeige: _____

15 Tatjana möchte gern wissen, wie man langsam und gesund abnehmen kann. Anzeige: _____

16 Stella ist Krankenschwester und möchte in Deutschland arbeiten. Anzeige: _____

17 Achim ist Lehrer und möchte einen Workshop über Drogenaufklärung organisieren. Anzeige: _____

18 Miriam ist Medizinstudentin und möchte ihre Weiterbildung zur Fachärztin im Ausland machen. Anzeige: _____

19 Jenny plant eine Ausbildung zur Optikerin. Anzeige: _____

Die Welt
(wie) mit neuen Augen sehen!
Bei *Optik Eberle*
Brillen: Designermarken und preisgünstige Modelle jeder Art
Kontaktlinsen
Zubehör und vieles mehr
Zudem: Sehtest gratis.
Optik Eberle: Olgastraße 23. Stuttgart

Sauber bleiben!
Unser Buch wendet sich an Pädagogen,
die das Thema Sucht
im Unterricht thematisieren wollen.
Wir beschäftigen uns
nicht nur mit Drogen,
sondern auch
Nikotin-, Alkohol- und Computersucht.
Sie finden hier auch zahlreiche Tipps
für Veranstaltungen, WorkShops
und interaktive Arbeitsgruppen
im Unterricht und danach.

Dringend gesucht!
KrankenpflegerInnen,
die in Deutschland arbeiten möchten.
Deutschkenntnisse erwünscht.
Auch ein Sprachkurs vor Ort möglich.
Kontakt unter:
www.arbeiten_in_der_brd.de

**Herzlich willkommen
in der historischen
Schlossapotheke Steinheim!**
Seit mehr als hundert Jahren
stehen wir Ihnen mit unserem
Wissen
und unserer Erfahrung zur Seite.
Unser reiches Leistungsangebot
reicht von klassischer Pharmazie
über individuelle Beratung
bis hin zur Homöopathie.

**Du bist Arzt, jung,
hilfsbereit und Idealist?**
Die *Ärzte ohne Grenzen* warten auf dich.
Wir wirken weltweit,
um überall dort zu Hilfe zu eilen,
wo wir gebraucht werden.

**Sie möchten
AugenoptikerIn werden?**
Informationen zu Berufsausbildung,
Gehalt und Berufsperspektiven
sowie Fachberatung.
www.azubi.de

**Hildegard von Bingen
Pflanzenheilkunde.**
Ein neues Buch
über die Rezepte und
Heilmethoden
aus dem Mittelalter –
gerade in unserem Verlag
erschienen!
Auch als E-Buch-Version online
erhältlich.
Mehr Infos unter:
www.auraverlag.ch

**Auf natürliche Art
das ideale Körpergewicht erzielen**.
Unsere heutige Sendung beschäftigt sich
mit der Frage,
wie man ohne Hungern
und extreme Methoden
ganz einfach zur erwünschten Figur
gelangt.
Zu Gast: Frau Doktor Margot Zwetschke,
Ernährungswissenschaftlerin.
Samstag. 18 Uhr nur auf PRO-TV.

**Keine Hoffnung mehr?
Doch!**
Nie wieder eine Zigarette
in den Mund nehmen!
In unserer Selbsthilfegruppe
kannst du lernen,
wie du der Sucht begegnen
kannst.
Sprich mit anderen darüber,
bleib nicht allein mit deinem
Problem!

**Die Nulldiät – 12 Kilo in zehn
Tagen!**
Wie? Ganz einfach,
zehn Tage lang nur Saft,
Wasser und dünne Suppen.
Erfolg garantiert.
Wenn du gesund bist,
weder schwanger noch
zuckerkrank
und ohne Herzbeschwerden,
dann informiere dich
über die effektivste Diät aller
Zeiten:
www.nullfett.at

Beziehungen

In wen ich **mich verlieben** könnte? Nein, ich träume nicht von einem Märchenprinzen. Natürlich muss er in meinen Augen **gut aussehen**, aber ein Model braucht er nicht zu sein. Auch nicht **ein Meter neunzig**, denn die Körpergröße spielt für mich keine allzu große Rolle, aber er sollte schon **eine gute Figur haben und nicht dick sein**. Doch darauf kommt es mir nicht in erster Linie an. Viel wichtiger ist für mich **ein höfliches Verhalten**. Er muss mir einfach **sympathisch** sein. Ich möchte einen Partner haben, der **meine Probleme versteht**, aber auch **mein Herz gewinnen kann und eine märchenhafte Atmosphäre schaffen kann, als würde ich träumen**. Aber vor allem brauche ich jemanden, der immer für mich da ist, auch **wenn es mir schlecht geht und ich weinen möchte**. Gerade da habe ich jemanden nötig, **der mir witzige Geschichten erzählt und mich zum Lachen bringt**. Und natürlich sollte er **nicht ohne Intelligenz sein**, denn **dumme Leute** kann ich nicht ausstehen.

1 Anders gesagt

a Ordnen Sie den unten stehenden Ausdrücken 1 bis 10, die Begriffe aus dem Text zu, die das Gleiche oder etwas Ähnliches bedeuten.

1	wenig intelligente Menschen	_dumme Leute_	7	nett	_____
2	freundlich	_____	8	romantisch	_____
3	groß	_____	9	schlank	_____
4	hübsch	_____	10	traurig	_____
5	klug	_____	11	sein Herz verlieren	_____
6	lustig	_____	12	verständnisvoll	_____

b Zu welcher Kategorie gehören die Eigenschaften aus 1a? Ordnen Sie zu.

Aussehen: _____

Charakter: _nett,_ _____

Gefühle: _____

2 **Lesen Sie den Text und kreuzen Sie die richtige Antwort an.**

Zapoteken

Die Frauenpower aus Mexiko

Sie sind stolz und selbstbewusst, sie lieben ihre Geschichte und ihre indianische Tradition. Und sie haben auch jeden Grund dazu: Die Frauen aus Juchitán – die Zapotekinnen – am Golf von Tehuantepec sorgen für Reichtum und Wohlstand in der Region. Wie haben sie das nur geschafft? Durch eine gelungene Rollenverteilung: Die Männer produzieren, die Frauen verkaufen und kontrollieren die Finanzen der Familie. Während die Männer von Juchitán in der Industrie, Landwirtschaft oder Fischerei arbeiten, kümmern sich die Frauen um den Handel. Sie bringen die Produkte auf den Markt und das Geld, das sie verdienen, fließt direkt in den Familienhaushalt. Damit entsteht eine

Beziehung, die auf gegenseitigem Respekt basiert. Und weil die Aufgaben so gut verteilt sind, haben die Nachkommen der legendären Zapoteken Zeit genug, um ihre Sprache und ihre Traditionen zu pflegen. Es werden im Jahr über 600 Feste gefeiert: Geburtstage, Hochzeiten usw. Meistens feiert die ganze Nachbarschaft tagelang mit. Zu diesen Festen, die Velas heißen, kommen manchmal 4000 Gäste oder sogar mehr. Die Menschen aus Juchitán sind wie eine große, glückliche Familie.

1	Die Zapotekinnen haben ein positives Verhältnis zu ihrer Vergangenheit.	Ja	Nein
2	Männer und Frauen haben die gleichen Aufgaben.	Ja	Nein
3	Die Aufgabenverteilung unter den Einwohnern ist sehr erfolgreich.	Ja	Nein
4	Bei den Zapoteken gibt es Feste, die mehrere Tage dauern.	Ja	Nein
5	Alle Zapoteken sind miteinander verwandt.	Ja	Nein

A Wortschatz und Strukturen

**1 Beziehungen. Wörter aus dem Kontext erschließen.
Was passt? Lesen Sie die Sätze und ordnen Sie die Wörter aus dem Kasten zu.**

> Bekanntschaft | Ehe | Freundschaft | Freundschaftsanfrage |
> Herkunft | Jugendfreundin | Kollegenteam | Kommilitone |
> Konkurrenz | Selbsthilfegruppe | Städtepartnerschaft | Verwandtschaft

1 Wenn ich auf Instagram, Facebook oder Twitter Kontakt zu jemandem aufnehmen möchte, dann schicke ich ihm eine _____.

2 Stuttgart und Lodz pflegen seit Jahren eine _____. Sie kooperieren vor allem im Bereich Kultur und Bildungsaustausch.

3 Von einer _____ kann nur dann die Rede sein, wenn ich mich auf eine Person immer verlassen kann.

4 Wir machen tolle Projekte und arbeiten gern zusammen. Wir sind ein tolles _____.

5 _____ muss nichts Negatives sein, denn der Vergleich mit dem anderen kann auch sehr motivierend wirken.

6 Niemand kann sich seine _____ aussuchen. Und dennoch spielt die Familie eine wichtige Rolle für uns.

7 Wir haben uns seit vielen Jahren nicht mehr gesehen, aber ich denke immer gern an meine _____ zurück. Wir beide waren damals so frei und idealistisch.

8 Wir haben im Sommer die _____ einer sehr netten Familie gemacht und treffen uns mit ihr gelegentlich.

9 Mit Frank waren wir zusammen an der Uni, er war ein sehr netter _____.

10 Wir leben seit 25 Jahren zusammen, haben zwei Kinder und führen eine glückliche _____.

11 In meiner _____ fühle ich mich sicher und geborgen. Nur hier kann ich über meine Probleme sprechen, weil ich weiß, dass ich mit Menschen zu tun habe, die mich verstehen.

12 Als ich erfuhr, dass auch Teresas Vater aus Tschechien kommt, freute ich mich sehr über unsere gemeinsame _____.

2 Nomen und Verben

a Was passt? Ordnen Sie zu.

1	die Gefühle	_a, b, g,_	a	akzeptieren
2	das Gespräch	_____	b	ausdrücken
3	Klarheit	_____	c	ausnutzen
4	Kritik	_____	d	darstellen
5	die Meinung	_____	e	klären
6	Missverständnisse	_____	f	machen
7	den Partner	_____	g	respektieren
8	die Schwächen	_____	h	schaffen
9	den Standpunkt	_____	i	suchen
10	Vorschläge	_____	j	vermeiden
			k	vertreten

b Wie gelingt eine gute Kommunikation? Machen Sie fünf Vorschläge mit den Ausdrücken aus 2a.

Auf keinen Fall darf man die Schwächen des anderen ausnutzen. Sinnvoll wäre
dagegen, wenn man ...

3 Niemand ist vollkommen. Ergänzen Sie die Angaben. Mehrfachnennungen sind möglich.

> allerdings | ~~obwohl~~ | trotz | trotzdem | trotz allem | zwar ... aber ...

1 _Obwohl_____ er manchmal unpünktlich ist, mag ich ihn sehr.

2 Valia ist als Person sehr unordentlich und chaotisch. _____ ist sie bei der Arbeit sehr zuverlässig.

3 Urs ist _____ seines launischen Charakters ein liebenswürdiger Mensch.

4 Ich bin _____ eifersüchtig, _____ ich respektiere die Freiräume meiner Partnerin.

4 Trotzdem oder gerade deswegen? Selbstkritik. Ergänzen Sie die konzessiven und die kausalen Angaben. Drei Angaben bleiben übrig.

> allerdings | denn | deshalb | deswegen | obwohl |
> trotz | trotzdem | warum | wegen | weil | zwar ... aber ...

Niemand ist vollkommen oder *nobody is perfect*, wie es auf Englisch heißt. Das gilt natürlich auch für mich. _____ (1) frage ich mich, _____ (2) Ketti mich immer noch liebt. _____ (3) ich häufig zu spät zu unseren Treffen komme, schimpft sie nie mit mir. Manchmal bin ich auch launisch und unerträglich. _____ (4) zeigt sie Verständnis für mich. Ich glaube, dass gerade das die wahre Liebe ist: Man liebt jemanden _____ (5) seiner Schwächen. Oder vielleicht gerade _____ (6)? _____ (7) ohne diese Schwächen wären wir _____ (8) vollkommen, _____ (9) eben nicht mehr wir selbst. Und Menschen, die uns lieben, schätzen an uns genau das, was uns besonders macht: unsere Persönlichkeit und unsere kleinen Unvollkommenheiten gehören dazu.

5 **Implizite Informationen finden. Ist die Person *dafür* oder *dagegen*?**

		Ja	Nein
1	Person 1 ist **für** das Alleinleben.	Ja	~~Nein~~
2	Person 2 ist **gegen** Wohngemeinschaften.	Ja	Nein
3	Person 3 ist **für** das Heiraten.	Ja	Nein
4	Person 4 ist **gegen** Scheidung.	Ja	Nein
5	Person 5 ist **für** Freundschaften im Internet.	Ja	Nein
6	Person 6 ist **für** eine strenge Erziehung.	Ja	Nein

Person	implizite Information
1 Ich lebe allein und fühle mich auch nicht einsam. Ich habe mich daran gewöhnt und habe kein Problem damit. Doch es wäre schön, wenn ich jemanden an meiner Seite hätte.	*Doch es wäre schön, wenn ich jemanden ... hätte.*
2 Nirgendwo kann man in Deutschland billiger wohnen als in einer Wohngemeischaft. Tisch und Bett stehen schon an Ort und Stelle und man braucht nicht einmal die Wände zu streichen. Sehr praktisch.	
3 In letzter Zeit bekomme ich häufig Einladungen zu Hochzeiten, also zum schönsten Tag im Leben, wie man sagt. Mittlerweile war ich schon auf vielen solcher Feiern und die waren für mich ein Grund, nicht zu heiraten.	

Person	implizite Information
4 Wenn man sich überlegt, dass zwei Drittel der Geschiedenen ihre Entscheidung bereuen, dann ist es doch eindeutig, dass Scheidung keine Lösung ist. Es lohnt sich, für die Liebe zu kämpfen.	_____
5 Es wäre natürlich toll, wenn man im Internet so einfach einen richtigen Freund finden könnte, dem man alles erzählen kann. Aber so leicht ist das eben nicht. Man kann doch nicht dem Internet seine Gefühle anvertrauen.	_____
6 All diese neuen Ratgeber zum Thema Kindererziehung bringen uns durcheinander. Jetzt ist wieder der Trend zur strengen Erziehung modern. Wir sollten einfühlsam auf unsere Kinder reagieren. Also weder schreien noch drohen, sondern dem Kind zeigen, dass es mit seinen Bedürfnissen und Gefühlen ernst genommen wird. Eltern sollten respektvoll sein, anstatt nur von den Kindern Respekt zu erwarten.	_____

B Lesetraining

1 Lesen, Teil 4

a Bringen Sie die Strategiepunkte in die richtige Reihenfolge.

☐	Ich kreuze *Ja* für dafür/pro an und *Nein* für dagegen/kontra an.
☐	Ich unterstreiche Schlüsselwörter sowie Redemittel, die eine Zustimmung oder Ablehnung ausdrücken.
☐	Ich lese den Einleitungssatz, um das Thema zu erkennen.
1	Ich lese die Arbeitsanweisung genau durch. Ich überlege: Wofür steht ein *Ja* und wofür steht ein *Nein*? Bei dieser Überlegung hilft mir das Beispiel.
☐	Ich lese die Texte/Kommentare.
☐	Ich überprüfe meine Lösungen und übertrage sie auf den Antwortbogen.

b Lesen Sie folgende Hinweise und Tipps zum Lesen, Teil 2.

- ✓ In Teil 4 bekommen Sie eine Einleitung sowie **sieben kurze Kommentare** zu einem Thema, das kontrovers diskutiert wird.
- ✓ Achten Sie in den Kommentaren auf **Wörter** und **Redemittel**, die eine **Zustimmung** oder **Ablehnung** ausdrücken.
- ✓ **Lernen** Sie wichtige **Redemittel**, die eine Pro- oder Kontraposition ausdrücken.
- ✓ Sollten Sie bei einer Aufgabe **nicht sicher** sein, dann schreiben Sie erst einmal ein **Fragezeichen** hinter die Aufgabe und machen Sie mit den anderen Aufgaben weiter.

c Wenden Sie die Strategiepunkte aus 1a bei folgender Aufgabe an. Beachten Sie auch die Tipps und Hinweise aus 1b.

Lesen Sie die Texte **1** bis **7**. Wählen Sie: Ist die Person **für soziale Netzwerke**?

In einem Internetforum lesen Sie Kommentare zur Nutzung sozialer Netzwerke.

Beispiel:

0	**Larissa**	☒ Ja	Nein		4	**Sabine**	Ja	Nein
1	**Martin**	Ja	Nein		5	**Christofer**	Ja	Nein
2	**Anna**	Ja	Nein		6	**Nathalie**	Ja	Nein
3	**Dr. Philipps**	Ja	Nein		7	**Michael**	Ja	Nein

Beispiel:

0 Heutzutage ist man doch ständig unterwegs, auch weltweit. Dabei lernt man so viele interessante Menschen kennen. Wie könnte ich denn mit all diesen Leuten Kontakt halten ohne die sozialen Netzwerke wie Facebook, Twitter, Instagram und Co.?
Larissa, 22, Freiberg

1 Als Instrument zum Kontakthalten sind soziale Netzwerke unschlagbar! Ich kann alle Updates meiner Freunde miterleben und sehen, was Neues in ihrem Leben passiert. Es ist ein gutes Mittel gegen Langeweile!
Martin, 25, Berlin

2 Eigentlich soll man ja durch die sozialen Netzwerke in Kontakt mit anderen Menschen bleiben. Aber wie sieht die Wirklichkeit aus? Man sitzt mit seinen Freunden im Café und schaut nur noch auf sein Handy und kommuniziert gar nicht mehr mit seinem realen Gegenüber. Posts können keine persönlichen Gespräche ersetzen.
Anna, 36, Schweinfurt

3 Die sozialen Netzwerke lassen die Jugendlichen nicht mehr in Ruhe. Sie leiden dann an einer Kommunikationssucht, bei der sie ständig nach neuen „Freunden" suchen. Und je mehr Freunde sie haben, desto mehr Zeit verbringen sie in diesen Netzwerken. Auch die vielen Spiele in den Netzwerken können zur Sucht werden. Ich finde, dass diese Netzwerke verboten werden sollten!
Dr. Philipps, 59, Pforzheim

4 Die sozialen Netzwerke haben sehr gute soziale Ansätze. Einige von ihnen wollen zum Beispiel das Internet für alle zugänglich machen. Das bedeutet, dass es auch in Gegenden, wo normalerweise keine Internetverbindung möglich ist, Internet geben wird. Wie? Zum Beispiel will Facebook über diese Gebiete mithilfe von Sonnenenergie Drohnen fliegen lassen, die dann für eine stabile Internetverbindung sorgen. Und die Kosten dafür übernimmt Facebook. Was ist daran schlecht?
Sabine, 17, Demmin

5 Diese Netzwerke speichern alles und „vergessen" nichts: Jede Nachricht, jeder Kommentar, jedes Like, persönliche Daten, Privates – nichts geht verloren. Also mir macht das Angst. Warum ist so etwas legal? Fazit: Ich bin in keinem sozialen Netzwerk registriert und werde das auch in Zukunft nicht sein.
Christofer, 32, Salzburg

6 Ich bin eine leidenschaftliche Polospielerin. Und wenn man dieses seltene Hobby ausübt, dann sind soziale Netzwerke eine ideale Plattform, um Gleichgesinnte zu finden. Man tauscht sich aus, hilft sich gegenseitig bei Fragen und lernt sich so näher kennen. Und trotzdem sitze ich nicht den ganzen Tag am PC oder spiele mit dem Handy. Meine Leidenschaft gilt dem Polo und nicht den sozialen Netzwerken.
Nathalie, 26, Zürich

7 Wissen denn unsere Kinder überhaupt noch, was wahre Freundschaft ist?! Sie kenne ja nur noch digitale Freundschaften. Sie haben keine Ahnung, wie man sich einem wahren Freund gegenüber verhält. Ihnen fehlt jedes Gefühl dafür. Das führt zur Vereinsamung.
Michael, 48, Regensburg

d Bearbeiten Sie nun den Modelltest 2, Lesen, Teil 4 auf Seite 74.

2 Lesen, Teil 5

a   Bringen Sie die Strategiepunkte in die richtige Reihenfolge.

☐	Ich vergleiche die Informationen der entsprechenden Textstelle mit den Aussagen a, b und c. Ich überlege, welche Aussage zum Text passt. Ich kreuze die richtige Aussage an.
☐	Ich lese die fettgedruckten Zwischenüberschriften/Wörter im Text und überlege, in welchem Textteil ich die nötigen Informationen zur Lösung finden könnte. Finde ich keine passende Zwischenüberschrift, löse ich zuerst die anderen Aufgaben und überfliege dann den Text, um die entsprechende Textstelle zu finden.
☐	Ich lese die erste Aufgabe und unterstreiche die wichtigsten Wörter.
☐	Ich überfliege den entsprechenden Teil und unterstreiche Wörter oder Satzteile mit wichtigen Informationen.
☐	Ich verfahre mit den übrigen Aufgaben genauso.
1	Ich lese die Einleitung und die Überschrift, um das Thema zu erkennen.
☐	Ich überprüfe meine Lösungen und übertrage die Ergebnisse auf den Antwortbogen.

> ✓ In Teil 5 bekommen Sie einen Text, der **Anleitungen** oder **Anweisungen** enthält.
> ✓ Es ist möglich, dass die Aufgaben **nicht in der Reihenfolge** stehen, in der sie im Text vorkommen.
> ✓ Die **Zwischenüberschriften** oder **fett**gedruckten **Wörter** helfen, die gesuchten Informationen schneller zu finden. Deshalb sollten Sie überlegen, welches Thema passt und dieses Thema dann bei den Überschriften suchen. Dann sollten Sie nur diese Textstellen genau lesen.
> ✓ Verschwenden Sie keine Zeit mit Textstellen, die nicht wichtig sind.
> ✓ Zum Lösen der Aufgaben müssen Sie **nicht alle Wörter** im Text **verstehen**.

b   Wenden Sie die Strategiepunkte aus 2a bei folgender Aufgabe an. Beachten Sie auch die Tipps und Hinweise aus 2b.

Lesen Sie die Aufgaben **1** bis **4** und den Text dazu.
Wählen Sie bei jeder Aufgabe die richtige Lösung **a**, **b** oder **c**.

Sie informieren sich über die Hausordnung der Wohngemeinschaft, in die Sie einziehen möchten.

1   **Wer neu einzieht, …**
   a   muss eigene Lösungen für seine Probleme finden.
   b   muss von den anderen respektiert werden.
   c   sollte sich mit den anderen bekannt machen.

2   **Besucher …**
   a   dürfen gegen Miete im Zimmer übernachten.
   b   sollen die anderen Mitbewohner nicht stören
   c   stören die anderen Bewohner nicht.

3	Ruhezeiten ...		
		a	gelten nicht bei angemeldeten Partys.
		b	gibt es nur am Wochenende.
		c	sind am Wochenende sowohl mittags als auch in der Nacht.

4	Im Zimmer ...		
		a	darf man nichts kaputt machen.
		b	muss man selbst sauber machen.
		c	sind Kleintiere gestattet.

Hausordnung

Willkommen in unserer WG!

Bei uns wird vor allem die „Gemeinschaft" groß geschrieben.
Wenn Du hier neu einziehst, dann stell dich bitte den anderen WG-Mitgliedern kurz vor.
Such den Kontakt und genieße das Zusammensein mit uns.
Respektiere aber auch die Bedürfnisse der anderen WG-Mitglieder und nimm Rücksicht auf diese.
Wenn dich etwas stört, dann kommuniziere das bitte.
Wir werden gemeinsam eine Lösung finden.

Privatsphäre

Dein abschließbares Zimmer gehört zu deiner Privatsphäre. Für Sauberkeit und Ordnung bist du selbst verantwortlich. Nur das Treppenhaus wird durch eine Reinigungskraft gesäubert. Schäden in deinem Zimmer, die du oder deine Besucher verursachen, musst du bis zum Monatsende des Folgemonats bezahlen. Haustiere, auch kleinere wie Fische oder Hamster, sind nicht erlaubt.

Ruhezeiten

Wir legen Wert auf ein möglichst konfliktfreies Zusammenleben in unserer WG. Deshalb solltest du die Ruhezeiten einhalten: täglich von 22.00 Uhr bis 8.00 Uhr. An Sonn- und Feiertagen auch zwischen 13.00 Uhr und 15.00 Uhr. In dieser Zeit sind alle störenden Tätigkeiten untersagt!

TV und Radio sollten in der Regel auf **Zimmerlautstärke** eingestellt sein. Da dein Zimmer ein automatisches Belüftungssystem besitzt, kannst du jederzeit das Fenster schließen, ohne deine Mitbewohner zu stören.

Hast du vor, eine **Party** zu feiern, dann informiere bitte sowohl deine WG-Mitbewohner als auch die übrigen Mieter des Hauses. Häng am besten einen Meldezettel an die Briefkästen.

Gäste

Du darfst jederzeit Besuch empfangen, solange sich deine Mitbewohner nicht gestört fühlen. Bitte achte bei der Ankunft und Abreise von Gästen vor allem während der Ruhezeiten auf ein entsprechendes Verhalten. Die Zimmer an andere weiterzuvermieten, ist nicht gestattet.

c   Bearbeiten Sie nun den Modelltest 2, Lesen, Teil 5 auf Seite 76.

Lesen Sie die Texte 20 bis 26.
Wählen Sie: Ist die Person für das Verbieten von „schlechten" Freunden?

In einem Internetforum lesen Sie Kommentare über das Problem, wenn sich Kinder Freunde suchen, mit denen die Eltern nicht einverstanden sind.

Beispiel:

0	Ina	☒ Ja	Nein		23	Steve	Ja	Nein
20	Dr. Lehnert	Ja	Nein		24	Gero	Ja	Nein
21	Antje	Ja	Nein		25	Marc Heldt	Ja	Nein
22	Dora	Ja	Nein		26	Vanessa	Ja	Nein

Beispiel:

0 Ich finde schon, dass man als Eltern Einfluss auf die Freundschaften der eigenen Kinder nehmen soll. Ich weiß immer Bescheid, was meine Kinder tun und mit wem sie zusammen sind. Es käme nie in Frage, dass sie mit Kindern zusammen sind, die meinem Mann und mir nicht gefallen.
Ina, 33, Darmstadt

20 Vor allem für Jugendliche sind Gleichaltrige sehr wichtig und deren Einfluss ist grundsätzlich erst einmal positiv, denn die Jugendlichen müssen lernen über den Horizont der Familie hinauszublicken. Nur so können sie lernen, ihren Platz in der Gesellschaft zu finden. Und dabei ist es wichtig nicht nur positive, sondern auch negative Erfahrungen zu machen.
Dr. Lehnert, 45, Leipzig

21 Unsere Tochter hatte in ihrer Jugend auch solche „falschen" Freunde. In ihrer Clique rauchten alle, also rauchte auch sie. Wir als Eltern haben natürlich versucht, sie zu überreden sich andere Freunde zu suchen. Aber da war nichts zu machen. Das Verbieten von Freunden macht alles nur noch schlimmer. Es nützt gar nichts!
Antje, 53, Bern

22 Wenn man Angst hat, dass die Freunde einen schlechten Einfluss auf die Kinder haben, dann sollte man diese zu sich nach Hause einladen. Wir machen das immer so. Und oft hat sich unsere Angst als unbegründet herausgestellt. Man sollte ja seinen Kindern vertrauen und sie nicht immer kontrollieren.
Dora, 38, Osnabrück

23 Natürlich bin ich für das Verbieten von schlechten Freunden. Soll ich etwa zuschauen, wenn meine Kinder nur noch auf Partys gehen und die Schule vernachlässigen?! Wir wissen immer, wo unsere Kinder sind. Dabei helfen uns auch diese modernen Ortungs-Apps.
Steve, 41, Sitten

24 Diese Diskussion ist doch sehr einseitig: Was heißt hier „schlechte" Freunde? Woher weiß ich, dass nicht mein eigener Sohn so ein „schlechter" Freund ist? Viele Eltern machen es sich sehr einfach und behaupten, dass immer nur die anderen schuld sind. Wie würden denn diese Eltern reagieren, wenn man den Umgang mit *ihrem* Kind verbietet?
Gero, 64, Bremerhaven

25 Früher war ich auch dagegen, dass man sich in die Freundschaften der Kinder einmischt. Ich hab das auch bei meinen Kindern so gehalten. Leider ist das gründlich schief gegangen. Also: Aufpassen, wenn die Freunde einen negativen Einfluss auf unsere Kinder haben und ruhig einmal hart durchgreifen und diese Freundschaften verbieten!
Marc Heldt, 64, Graz

26 Es kann vorkommen, dass bereits im Kindergarten oder in der Grundschule Kinder einen negativen Einfluss auf das eigene Kind haben. Hier hilft meistens ein klärendes Gespräch mit den Eltern dieser Kinder. Sollte der Freund oder die Freundin allerdings ein asoziales oder aggressives Verhalten an den Tag legen, dann hilft wohl nur ein Verbot. Vor allem dann, wenn man merkt, dass das eigene Kind verunsichert ist und dessen Selbstwertgefühl darunter leidet.
Vanessa, 28, Innsbruck

Lesen Sie die Aufgaben 27 bis 30 und den Text dazu.
Wählen Sie bei jeder Aufgabe die richtige Lösung a, b oder c.

Sie informieren sich darüber, wie man mit seinem Partner glücklich werden kann.

27   **Streit …**

a   ist eine ernste Gefahr für die Partnerschaft.

b   ist auch bei glücklichen Paaren üblich.

c   kommt in glücklichen Beziehungen nicht vor.

28   **In glücklichen Partnerschaften …**

a   möchte man alles gemeinsam machen.

b   sucht man ständig nach Neuem und Unbekanntem.

c   sollte man auch unterschiedliche Interessen haben.

29   **Wenn man den Partner in den Vordergrund stellt, …**

a   fühlt man sich irgendwann einsam und verlassen.

b   ist das gut für die Partnerschaft.

c   zeigt man seine Liebe zum anderen.

30   **Man sollte …**

a   Probleme mit seinem Partner vermeiden.

b   seinen Partner so annehmen, wie er ist.

c   versuchen, seinen Partner zu korrigieren.

Anleitung für eine glückliche Beziehung

Welche Einstellungen vermeiden glückliche Paare?

Man soll sich nicht streiten!

Mega-falsch! Streit bedeutet nicht, dass eine Partnerschaft nicht funktioniert. Und wenn wir überhaupt nicht streiten, ist das kein Beweis für eine gute Partnerschaft. Glückliche Paare prüfen, ob etwas eine Auseinandersetzung wert ist und suchen gemeinsam eine (Kompromiss)Lösung.

Ich werde meinen Partner ändern!

Diese Einstellung beweist, dass wir mit unserem Partner nicht zufrieden sind. Bei glücklichen Paaren fühlen sich beide Partner geliebt und so akzeptiert, wie sie sind. Das bedeutet nicht, dass es bei einem Verhalten das grundsätzlich den Wertvorstellungen des anderen widerspricht, auch einmal zum Konflikt kommen kann.

Ich brauche meinen Partner, um mich gut zu fühlen!

Mit dieser Einstellung ist der andere Partner oft überfordert. Er soll die ganze Verantwortung für das Glücklichsein des anderen tragen. Das funktioniert selten. Ein glückliches Paar freut sich an der gemeinsamen Liebe, weiß aber auch, dass das Leben auch ohne seine Liebe weitergeht.

Erst mein Partner, dann ich!

Wenn wir unsere Bedürfnisse und Wünsche immer hinter die des Partners stellen, dann kann es passieren, dass wir uns plötzlich leer und enttäuscht fühlen. Eine glückliche Partnerschaft basiert auf Geben und Nehmen.

Wir müssen immer alles gemeinsam tun!

Man sollte sich über gemeinsame Aktivitäten freuen, aber dem anderen Freiraum lassen. Wenn Sie Interessen nachgehen, die Ihr Partner nicht so toll findet, dann stärkt das Ihre Zufriedenheit und Ihr Selbstvertrauen. Vielleicht ist ja ihr Partner neugierig auf das Neue und Unbekannte – und Neues macht Sie interessant für ihn.

Natur

Fast die Hälfte der Fläche Österreichs ist mit **Wald** bedeckt. Er ist typisch für unsere **Landschaft** und wichtig für unsere Wirtschaft. Er leistet einen wichtigen Beitrag für die Qualität der **Luft** und des Wassers und ist nicht zuletzt ein wichtiger Freizeit- und Lebensraum für Menschen, **Tiere** und **Pflanzen**.

Die Wirkung des Waldes auf das **Klima,** und damit auf unsere **Umwelt,** ist von großer Bedeutung. Wälder entlang von **Flüssen**, Bächen, **Seen** und **Tälern** sind wichtig für das Grundwasser. Große Wälder werden auch als Lungen der **Erde** bezeichnet und können einen Großteil der **Verschmutzung** der Umwelt kompensieren.

1 **Ergänzen Sie das Kreuzworträtsel mit den Nomen aus dem Text in der richtigen Form. Die graumarkierten Felder ergeben ein neues Wort.**

1. Wir brauchen sie zum Atmen.
2. Das müssen wir schützen.
3. Dort wachsen viele Bäume.
4. So heißt unser Planet.
5. Der Rhein ist ein ...
6. Der Löwe ist ein gefährliches ...
7. Wir gehen gerne im ... baden.
8. Die ... der Umwelt zerstört das natürliche Lebensumfeld von Pflanzen und Tieren.
9. Viele Menschen bewundern die schöne ... der Alpen.
10. Viele Organisationen wollen die ... schützen.
11. Es befindet sich zwischen zwei hohen Bergen.
12. Auf unserem Balkon steht eine exotische ...

Lösungswort: _ _ _ _ _ _ _ _ _ _ _ _ _

2 **Lesen Sie den Text und die Aufgaben 1 bis 4 dazu. Wählen Sie: Sind die Aussagen *Richtig* oder *Falsch*?**

Die Rückkehr des Mammuts?

Seit Jahrzehnten träumen die Wissenschaftler von der Wiedergeburt des Mammuts. Und dieser Traum ist gar nicht so unrealistisch. Die Wissenschaftler haben theoretisch genug Erbmaterial von toten, tiefgefrorenen Mammuten, die man vor allem in Russlands Permafrostböden immer wieder findet. Und entfernte Verwandte dieses Tieres, das sich vor allem von Gras und anderen Pflanzen ernährte, leben auch noch heute: die Indischen Elefanten. Also, warum nicht ein Mammut mithilfe eines Elefanten klonen? Doch ganz so einfach ist die Sache nicht. Denn die gefundenen Gene der Mammute sind stark beschädigt. Schließlich sind die Riesen schon seit 4000 Jahren ausgestorben. Nur eine kleinere Art überlebte noch etwas länger, verschwand dann aber auch 500 Jahre später.
Dennoch sind die Wissenschaftler optimistisch, dass schon bald das alte neue Mammut vor uns stehen wird.

1	Die Wiedergeburt des Mammuts ist nicht möglich.	Richtig	Falsch
2	Das Mammut war ein Pflanzenfresser.	Richtig	Falsch
3	Mammute und heutige Elefanten sind nicht miteinander verwandt.	Richtig	Falsch
4	Zuerst sind die kleineren Mammute ausgestorben.	Richtig	Falsch

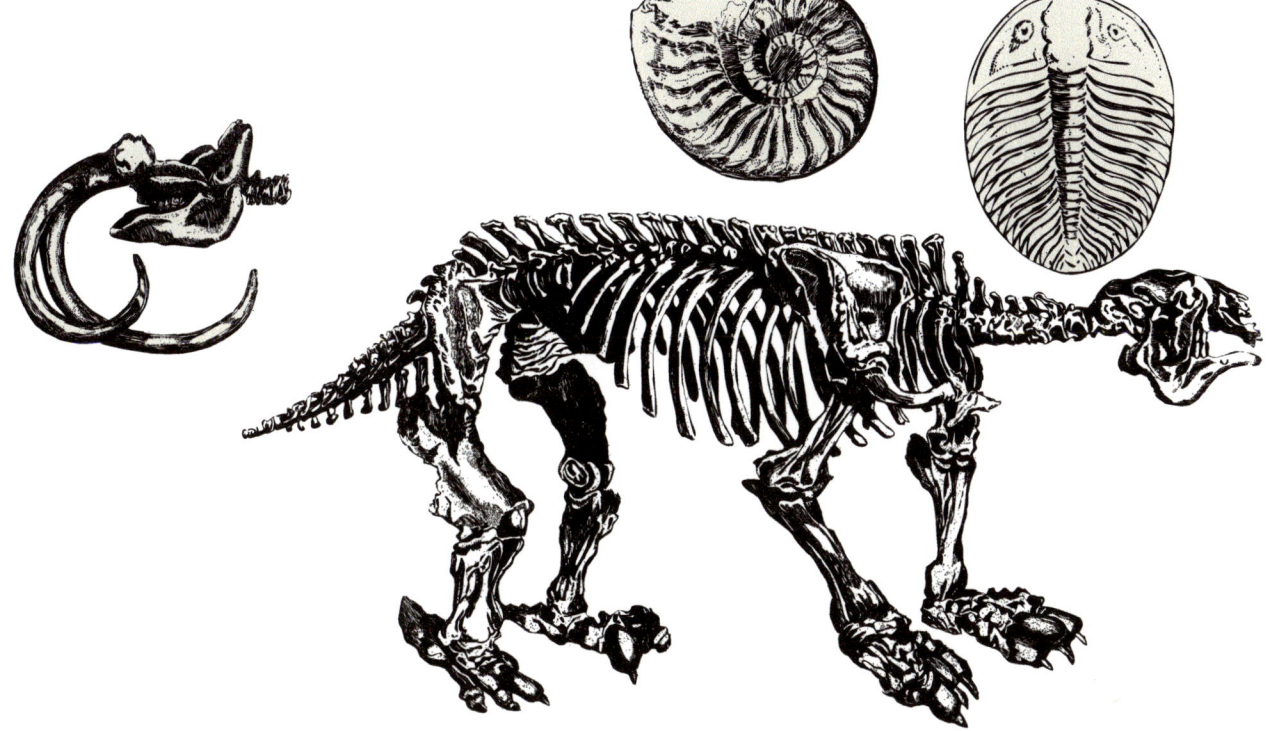

A Wortschatz und Strukturen

1 Pflanzen und Tiere. Wörter aus dem Kontext erschließen.

a Lesen Sie den Text und ordnen Sie die Wörter aus dem Kasten zu.

**Alter | Blätter | Blüten | Höhe | immergrünen | Licht |
Mischung | ~~Pflanze~~ | Stamm | Zweigen**

Der Baum – eine bemerkenswerte Pflanze

Ein Baum ist – rein botanisch gesehen – eine langlebige _Pflanze_ (0) mit einem _____ (1).
Normalerweise verzweigt er sich in einer bestimmten Höhe und bildet ganz oben eine Krone mit vielen
_____ (2). Es gibt aber auch Bäume, die sich nicht verzweigen, wie z.B. die Palmen.
Wir kennen Nadelbäume mit Blättern, die wie Nadeln aussehen oder Laubbäume, deren
_____ (3) verschiedene Formen haben können. Zudem unterscheidet man zwischen
_____ (4) und sommergrünen Bäumen.
Wie die meisten Pflanzen bilden Bäume auch _____ (5).
Bäume können eine _____ (6) von über 100 Metern erreichen und es gibt Bäume, deren
_____ (7) mehrere 1000 Jahre beträgt.
Ist der Wald gesund, gibt es eine _____ (8) von verschiedenen Baumarten. Die
unterschiedlichen Höhen der verschiedenen Arten ermöglichen es dem Baum _____ (9),
Wasser und Nährstoffe optimal zu nutzen.

b Erklären Sie die unterstrichenen Ausdrücke.

1 Eine langlebige Pflanze ist eine Pflanze, die _____.

2 Ein immergrüner Baum ist ein Baum, der _____.

3 Ein sommergrüner Baum ist ein Baum, der _____.

c Bilden Sie Komposita mit den Wörtern aus den beiden Kästen. Mehrfachnennungen sind
möglich.

**~~Balkon-~~ | Flug- | Garten- | Gift- |
Grün- | Hänge- | Haus- |
Heil- | Land- | Meeres- | Nutz- |
Raub- | Wasser- | Wild-**

**~~-anbau~~ | -arzt | -blätter | -blüte |
-fresser | -freund | -garten | -handlung |
-heim | -liebe | -öl | -park | -reich |
-schutz | -schutzmittel | -welt**

Pflanzen-
Pflanzenanbau, ...

-pflanze
Balkonpflanze, ...

Tier-

-tier

2 Wunsch und Wirklichkeit.

a Lesen Sie den Text. Unterstreichen Sie alle Verben, die etwas Irreales ausdrücken.

> **Hinweis:**
> Der **Indikativ** drückt etwas **Reales** aus:
> *Der Baum hat grüne Blätter.* = Tatsache, Wirklichkeit
> Der **Konjunktiv II** drückt etwas **Irreales** aus, z.B. einen Wunsch.
> *Ach hätte der Baum noch grüne Blätter!* = Wunsch, denn der Baum hat **keine grünen Blätter** (mehr).

Es wäre doch schön, wenn …

Stellen wir uns vor: Es gäbe keine Überschwemmungen, die die Städte zerstören würden, keine Eisschmelze an den Polen, die den Meeresspiegel erhöhen und die Küsten bedrohen würde. Im Sommer würden keine Waldbrände ausbrechen. In den Wäldern, Dschungeln und Steppen würden viele seltene Tiere leben, denn kein Tier und keine Pflanze wäre vom Aussterben bedroht und alle Menschen hätten genug Trinkwasser und müssten keinen Hunger leiden, denn es wäre für alle genug zum Essen und Trinken da. Keine Abgase würden unsere Luft verschmutzen und in den Flüssen und Meeren gäbe es keine Abfälle und Giftstoffe, die die Fische und andere Meeresbewohner vergiften würden.

b Was ist Wunsch und was Wirklichkeit? Notieren Sie die irrealen Aussagen aus dem Text und schreiben Sie diese im Indikativ.

Wunsch	Wirklichkeit
Es gäbe keine Überschwemmungen, die die Städte zerstören würden.	*Es gibt Überschwemmungen, die die Städte zerstören.*

Lesen Sie den Text und die Aufgaben 1 bis 6 dazu.
Wählen Sie: Sind die Aussagen *Richtig* oder *Falsch*?

Caros Schwammerl Blog.at

Hi, Leute!

Da bin ich wieder! Pünktlich zur Schwammerlzeit – oder wie man in Deutschland sagt: Pilzzeit! Übrigens ist ja für die echten Schwammerl-Pflücker (Ok, ok! Ich weiß die Deutschen *pflücken* nicht die Pilze, sie *sammeln* sie!) das ganze Jahr Saison. Aber für uns „Laien" beginnt sie erst im Sommer. Heuer[1] wachsen die Schwammerln besonders früh und zahlreich bei uns in Österreich. Also bin ich am letzten Samstag mit einigen Freunden in unserem wunderschönen Wald, ganz in der Nähe unserer Kleinstadt gewesen, um Schwammerln zu pflücken. Ja, es ist richtig Mode unter uns jungen Leuten geworden: Das Sammeln, aber auch das gemeinsame Zubereiten der Schwammerln macht nämlich riesigen Spaß. Jedenfalls hatten wir am Ende des Nachmittags drei volle Körbe mit Schwammerln. Und als wir den Wald verlassen wollten, steht doch da einer von der Bergwacht und meint, wir sollten die Schwammerln lieber von einem Experten untersuchen lassen, da es heuer schon so viele Pilzvergiftungen gegeben habe. Na ja, da haben wir schon ein bisschen Angst bekommen und sind doch dann tatsächlich zu einer Pilzberatung gegangen. Mein Freund war allerdings von Anfang an dagegen, da er ja seine Pilz-Apps auf seinem Handy hatte und der Meinung war, dass uns damit gar nichts passieren könne. Aber wie geschockt waren wir, als der Experte neben einigen ungenießbaren Schwammerln auch noch einen – wenn auch kleinen – Giftpilz aus einem der Körbe herausfischte. Ich war der Meinung, dass es sich um einen Champignon handelte. Aber leider war es der gefürchtete Knollenblätterpilz. Und dabei hatten wir das Schwammerl doch noch mit der Abbildung auf der Pilz-App verglichen. Der Experte klärte uns auf, dass bei der Gesellschaft für Mykologie alle Pilz-Apps bisher durchgefallen sind. Keine dieser Apps biete einem Schwammerl-Pflücker wirklich Schutz vor giftigen Doppelgängern. Und fast jedes Schwammerl habe sein gefährliches Ebenbild. Oje, da waren wir ganz schön schockiert und haben uns vorgenommen, immer eine Beratungsstelle aufzusuchen, sobald wir mit dem Schwammerl-Pflücken fertig sind.

Fazit: Verlasst euch nicht auf diese Apps. Die Bilder sind oft zu klein und man kann die Schwammerln gar nicht richtig erkennen, vor allem nicht die wichtigen Einzelheiten, die sie von ihren giftigen Verwandten unterscheiden. Es gibt auch viel zu wenig Hinweise und Beschreibungen zu den Schwammerln.

Also Leute: Seid vorsichtig, aber habt trotzdem Spaß beim Pflücken!

Eure Carola

---

[1] *heuer: dieses Jahr*

Beispiel:

0 Für echte Schwammerl-Pflücker ist das ganze Jahr Pilzzeit.   ☒ Richtig   ☐ Falsch

1 Es gibt in Österreich und Deutschland unterschiedliche Wörter für *Pilz*.   ☐ Richtig   ☐ Falsch

2 Dieses Jahr ist eine gute Pilz-Saison.   ☐ Richtig   ☐ Falsch

3 Jugendliche haben schon immer gerne Schwammerln gesammelt.   ☐ Richtig   ☐ Falsch

4 Die Jugendlichen wollten von Anfang an eine Beratungsstelle aufsuchen.   ☐ Richtig   ☐ Falsch

5 Carolas Freund meinte, dass die Pilz-Apps genügend Schutz vor Verwechslungen bieten.   ☐ Richtig   ☐ Falsch

6 Carola macht das Schwammerl-Pflücken keinen Spaß mehr.   ☐ Richtig   ☐ Falsch

Lesen Sie den Text und die Aufgaben 7 bis 9 dazu.
Wählen Sie bei jeder Aufgabe die richtige Lösung a, b oder c.

Klima sucht Schutz

Wie Flashmobs das Klima schützen können

Das Logo von Carrotmob zeigt einen störrischen Esel, der sich nach vorne bewegt, nur weil ihm eine Karotte vor die Nase gehalten wird. Dieses Bild symbolisiert die Strategie von Carrotmob: Man motiviert Unternehmen zu einem umweltfreundlicheren Verhalten. Das ist genau das Gegenteil von einem Boykott, eher ein *Buykott*.
Wie sieht das praktisch aus? Die Carrotmob-Mitglieder suchen Ladenbesitzer, die bereit sind, ihr Geschäft umweltfreundlicher zu gestalten. Dabei helfen Energieberater der Kampagne „Klima sucht Schutz" diesen Ladenbesitzern, indem sie ihnen sagen, was sie tun können, damit das Geschäft umweltfreundlicher wird. Carrotmob unterstützt den Ladenbesitzer, der bereit ist, den größten Teil seiner Einnahmen für umweltfreundliche Maßnahmen zu verwenden. Das bedeutet, dass Carrotmob für dieses Geschäft eine große Werbekampagne startet: Zu einem bestimmten Zeitpunkt sollen hunderte von Kunden (Flashmob) zu diesem Geschäft kommen und dort einkaufen oder essen und somit die Einnahmen des Unternehmens erhöhen. So kann das Geschäft sein Image verbessern und seinen Umsatz steigern. Einen Großteil der Einnahmen verwendet der Ladenbesitzer dann dazu, sein Geschäft klimafreundlicher zu machen. Er hat also etwas für die Umwelt getan und gleichzeitig seine Einnahmen erhöht. Diese Methode funktioniert viel besser als wenn man umweltfeindliche Geschäfte durch Nichtkonsum betrafen würde. Die Idee kommt ursprünglich aus den USA. Dort verbreitete man die Aktion über E-Mail, Twitter oder Facebook. So auch in Deutschland, wo der erste Carrotmob 2009 in Berlin Kreuzberg stattfand. Dort kauften innerhalb von drei Stunden 400 Menschen an einem Imbissstand so viele Currywürste, dass sich die Einnahmen des Imbisses verdreifachten.

Beispiel:

0 **Das Logo von Carrotmob …**

  a bekommen umweltfreundliche Unternehmen.

  b fordert zum Boykott auf.

  ☒ hat symbolischen Charakter.

7 **In diesem Text geht es um …**

  a eine umweltfreundliche Organisation.

  b umweltfreundliche Methoden.

  c Werbung für neue Mitglieder für Carrotmob.

8 **Carrotmob …**

  a gab es zum ersten Mal in Deutschland.

  b nutzt für seine Aktionen das Internet.

  c verdient am Gewinn der Ladenbesitzer.

9 **Die Methode von Carrotmob …**

  a bestraft umweltfeindliche Ladenbesitzer.

  b hilft Energieberatern bei ihrer Kampagne.

  c hilft umweltfreundlichen Ladenbesitzern.

Lesen Sie den Text und die Aufgaben 10 bis 12 dazu.
Wählen Sie bei jeder Aufgabe die richtige Lösung a, b oder c.

Landwirtschaft ohne Gift?

In der Europäischen Union streitet man zurzeit über die weitere Verwendung von Pflanzengiften. Dabei kritisiert man vor allem chemische Gifte, denn diese schaden der Umwelt und oft auch unserer Gesundheit.

Doch ist eine Landwirtschaft ohne Gift überhaupt möglich, vor allem in einer Welt, in der es immer noch in vielen Teilen Hunger gibt? Pflanzenschutzmittel helfen gegen Schädlinge und unerwünschte Pflanzen auf dem Feld. Das führt zu höheren und besseren Ernten und macht die massenhafte Produktion von Obst und Gemüse überhaupt erst möglich. In den vergangenen 40 Jahren konnte so die weltweite Getreideproduktion verdoppelt werden. Und begonnen hat das alles in den 1960er Jahren mit der sogenannten *Grünen Revolution*. Doch der Preis für diese „Wundermittel" ist hoch: Das Gift tötet nicht nur Schädlinge, sondern auch Wildpflanzen und Tiere. Die chemischen Mittel stehen im Verdacht, für das große Bienensterben der letzten Jahre verantwortlich zu sein. Aber sie sind wahrscheinlich auch direkt für uns Menschen schädlich, denn diese Mittel scheinen eine der Ursachen von Parkinson, Alzheimer, Krebs und anderen Krankheiten zu sein.

Deshalb machen sich viele Menschen Gedanken darüber, wie sie sich gesünder ernähren könnten. Eine mögliche Alternative bietet ihnen die ökologische Landwirtschaft, denn sie verspricht eine giftfreie, gesunde und umweltverträgliche Lebensmittelproduktion. Biobauern setzen an Stelle von Pflanzenschutzmitteln oft Nutztiere als Schädlingsbekämpfer ein und entfernen unerwünschte Pflanzen mechanisch. Aber leider reichen diese Maßnahmen nicht immer aus und auch der beste Biobauer muss gar nicht so selten Chemie einsetzen, um seine Ernte zu sichern. Erst die Zukunft wird zeigen, ob es uns gelingen wird, mit ökologischen Mitteln alle satt zu machen. Aber ganz ohne Gift wird es wohl nie gehen.

10 In diesem Text geht es darum, ob …

a die Pflanzenproduktion bestimmte Krankheiten verursacht.

b man den Hunger in der Welt besiegen kann.

c man Lebensmittel ohne Verwendung von Gift produzieren kann.

11 Rein ökologische Landwirtschaft …

a bringt gute Ernten.

b ist nicht immer möglich.

c wird in Zukunft alle satt machen.

12 Die Verwendung von Pflanzenschutzmitteln …

a hat mehr Vorteile als Nachteile.

b könnte verschiedene Krankheiten zur Folge haben.

c wird von guten Biobauern abgelehnt.

Arbeitszeit 10 Minuten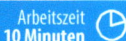

Lesen Sie die Situationen 13 bis 19 und die Anzeigen a bis j aus verschiedenen deutschsprachigen Medien.
Wählen Sie: Welche Anzeige passt zu welcher Situation?
Sie können jede Anzeige nur einmal verwenden. Die Anzeige aus dem Beispiel können Sie nicht mehr verwenden. Für eine Situation gibt es keine passende Anzeige. In diesem Fall schreiben Sie 0.

Im Internet suchen folgende Personen Informationen zum Thema Umwelt.

Beispiel:

0 Katharina möchte Biologin werden und interessiert sich dafür, wie man den Wald schützen kann.　　　　Anzeige: _f___

13 Franzi möchte nicht mehr selbst nach den günstigsten Stromanbietern suchen.　　　　Anzeige: _____

14 Rodi ist Kindergärtner und sucht Informationen über ökologische Themen für Kinder.　　　　Anzeige: _____

15 Peter sucht ein passendes Geschenk für seinen Onkel, der gern im Garten arbeitet.　　　　Anzeige: _____

16 Paul möchte den Tieren im Tierheim etwas zu Weihnachten schenken.　　　　Anzeige: _____

17 Jacky hat einen Garten und möchte auch hier etwas für die Umwelt tun.　　　　Anzeige: _____

18 Gregory möchte Informationen über Energiesparen zu Hause.　　　　Anzeige: _____

19 Fay hat die Schule beendet und sucht mit ihrer Freundin ab dem Sommer Jobs im ökologischen Bereich.　　　　Anzeige: _____

a

Komm zu uns!
Willst du nach der Schulzeit etwas
Praktisches machen?
Arbeitest du gern an der frischen Luft?
Dann solltest du über ein
Freiwilliges Ökologisches Jahr
nachdenken.
Der Kreis Steinfurt bietet
ab August
wieder zwei Plätze für jeweils ein Jahr an.
Bewerbungen sind
ab sofort bis zum 5.Mai möglich.

EMail: b.blum@hmail.com

b

Geld sparen mit dem jeweils besten
Strom- und Gasvertrag
Keine langwierigen
Preisvergleiche mehr!
Das machen wir!
Ihre Vorteile:

• Immer im besten Energievertrag
• Ausgewählt aus über 11.500 Stromtarifen
• nur Verträge ohne Vorkasse
• unabhängige Tarifempfehlungen
• Vertragswechsel durch Wechselpilot
• jederzeit kündbar
　　www.wechselvertrag.de

c

„Was Hänschen nicht lernt, …"
Den richtigen Umgang
mit Natur und Umwelt kann man
bereits
im Kindergartenalter lernen.
Ob als Eltern oder Erzieher –
Informationen zu diesem Thema
finden Sie auf unserer Website:
www.haenschen.ch

d

Für das aktuelle **Freiwillige Ökologische Jahr**
(FÖJ) bietet die Sächsische Umweltstiftung noch
im Frühling eine freie Einsatzstelle an.
Sie erhalten ein monatliches Taschengeld und
24 Tage Urlaub im Jahr.
Das FÖJ dauert in der Regel 12 Monate,
inbegriffen sind 25 begleitende Seminartage.

Soziales Engagement ist ein Pluspunkt in
deinem Lebenslauf!

e

**Wechseln Sie heute noch zu
uns:
Stromriese
Wir bieten die besten Preise auf
dem Strommarkt. Schließen sie
noch heute einen Vertrag mit
uns und sie sparen 15%!
Das Angebot gilt noch bis zum
15.5.**

Zertifikatskurs Umweltschutz
Machen Sie sich mit den Grundlagen
des modernen Waldschutzes vertraut.
Sie erfahren, warum es notwendig ist,
den Wald zu schützen und ökologisch zu
erhalten.
Anmeldung:
www.Umweltunddu.de

g

Verschenken Sie doch mal ein Jahres-
Abo von „Garten und Umwelt" zu
Weihnachten, Ostern, zu Pfingsten,
zum Geburtstag oder einfach so
zwischendurch.
Unsere Abonnements enden
automatisch nach Ablauf eines Jahres.
www.gartenundumwelt.at

h

Energiesparen im Garten
Auch im eigenen Garten kann man
Energie einsparen und damit Klimaschutz
betreiben. Wir zeigen Ihnen einige
Praxisbeispiele zum ressourcen-
schonenden Gärtnern.
Nehmen Sie noch heute Kontakt mit uns
auf:
www.EnergieundGarten.de

i

Wir brauchen deine Hilfe:
Weihnachten im Tierheim
Du wählst, welches Tier
du beschenken willst:
- **Katzen:** Spielangeln,
  Baldriankissen, Leckerlis.
- **Hunde:** Knochen und Reste
  eurer Weihnachtsgans
- **Chinchillas:** Heu,
  Blütenmischungen als Futter
- **Kaninchen:** Heutunnel,
  Bergwiesenheu

j

Freiwillige gesucht!
Wir treffen uns jeden Sonntag.
Wer?
**Fünf Mitglieder des Vereins Umwelt Stötteritz
und unser Präsident Ernst Roth.**
Treffpunkt?
Tierheim der Helen Schmidt-Stiftung für Tierschutz
Aufgaben?
Winterputz im Stötteritzer Wäldchen
Wir brauchen noch Jugendliche und Kinder,
die uns mithelfen!
www.UmSt.de

Lesen Sie die Texte 20 bis 26. Wählen Sie: Ist die Person für ein Verbot von Zirkustieren?

In einem Internetforum lesen Sie Kommentare zur Haltung von Tieren im Zirkus.

Beispiel:

0 Ulrich	Ja	~~Nein~~	23 Julie	Ja	Nein
20 Sarina	Ja	Nein	24 Annette	Ja	Nein
21 Kristian	Ja	Nein	25 Robert	Ja	Nein
22 Alexa	Ja	Nein	26 Enno	Ja	Nein

Beispiel:

0 Ich gehe immer in den Zirkus, sobald einer in unsere Stadt kommt. Das habe ich schon als Kind getan und das tue ich immer noch. Leider gibt es heutzutage kaum noch Zirkusse, weil irgendwelche Tierschutzorganisationen glauben, die Zirkustiere schützen zu müssen. Wenn die Tiere täglich ihr Futter bekommen und sich bewegen, spricht nichts gegen ihre Haltung.
Ulrich, 72, Köln

20 So ein Zirkus hat auch eine edukative, also bildende Funktion: Es ist etwas anderes, ob ein Kind ein Wildtier im Internet sieht oder ob es das Tier in natura sieht. So hat das Kind eine Vorstellung von der Größe und Farbe des Tieres, aber auch von dessen Geruch. Außerdem verstehen die Kinder, dass Löwen und Bären keine Schmusetiere sind. Auf diese Weise bekommen sie Respekt vor diesen Tieren.
Sarina, 32, Trier

21 Im Zirkus wird nicht das natürliche Leben der Tiere gezeigt, sondern ein Verhalten zu dem die Tiere gezwungen wurden. Sie werden manchmal jahrelang dressiert und gequält bis sie endlich das tun, was der Mensch will. Das ist doch tiefstes Mittelalter. So etwas sollte verboten werden!
Kristian, 47, Saarbrücken

22 Ein Zirkus ohne Tiere ist kein Zirkus, sondern ein herumreisendes Theater oder Varieté. Aber was spricht denn dagegen? Eigentlich bedeutet ja das Wort Zirkus „Kreis" und war ursprünglich tatsächlich „nur" ein Theater. Also, ich kann auch einen Zirkus ohne Tiere akzeptieren. Hauptsache ich muss mir keine Vorstellungen ansehen, in denen Tiere unnatürliche Kunststücke präsentieren müssen. Aber man muss es ja nicht gleich verbieten!
Alexa, 22, Bremen

23 Ich verstehe ja das Argument, dass die Tiere wenig Raum im Zirkus haben. Aber die Menschen, die dort arbeiten, haben genauso wenig Raum. Man sollte lieber die Haltung der Zirkustiere kontrollieren, als sie verbieten.
Julie, 29, Markkleeberg

24 Ich kann das Argument von der *langen Tradition des Zirkus* nicht mehr hören. Es sind in der Vergangenheit auch andere „Traditionen" abgeschafft worden, wie beispielsweise das Zurschaustellen von Menschen. Zum Glück leben wir im 21.Jahrhundert und brauchen diese Traditionen nicht mehr. Und so alt ist die Tradition des Zirkus nun auch wieder nicht. Also kann ich gern darauf verzichten.
Annette, 56, Hof

25 Natürlich haben die Tiere im Zirkus eine gute medizinische Versorgung. Und Futter bekommen sie auch jeden Tag. Aber ist das wirklich besser als die Freiheit? Obwohl sie in der Freiheit natürliche Feinde haben und vielleicht von ihnen gefressen werden, ist es doch immer noch besser, als das ganze Leben in Gefangenschaft zu verbringen. Man hätte die Haltung von Zirkustieren schon längst verbieten sollen.
Robert, 26, Zell

26 Viele behaupten, die Tiere hätten sich den Umständen angepasst. Aber das stimmt nicht. Die meisten Tiere haben ein gestörtes Verhalten. Selbst die Hunde, die dort auftreten, sind nicht mehr normal. Sie sind entweder den ganzen Tag schläfrig oder bellen ständig. Also sollte das Gesetz die Tiere schützen und deren Haltung in Zirkussen verbieten.
Enno, 60, Coburg

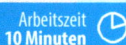
Lesen Sie die Aufgaben 27 bis 30 und den Text dazu.
Wählen Sie bei jeder Aufgabe die richtige Lösung a, b oder c.

Sie informieren sich über die allgemeine Waldordnung in Deutschland.

27 Die Mitnahme von Holz ...

a ist in ganz Deutschland erlaubt.

b ist in geringen Mengen fast überall erlaubt.

c ist strengstens verboten.

28 Hunde ...

a könnten im Wald in Lebensgefahr geraten.

b sind im Wald erlaubt.

c sind im Wald verboten.

29 Autos ...

a dürfen im Wald nur auf speziellen Plätzen geparkt werden.

b dürfen nur mit Sondererlaubnis gefahren werden.

c sind nur auf bestimmten Wegen erlaubt.

30 Wer grillen möchte ...

a kann das während bestimmter Monate tun.

b kann den Abfall in Mülltonnen entsorgen.

c muss bestimmte Regeln einhalten.

Waldordnung

Verhalten Sie sich ruhig und rücksichtsvoll!

Vermeiden Sie Ruhestörungen, vor allem im Winter. Denn im kalten Winter müssen Tiere sparsam mit ihrer Energie umgehen, sonst könnten sie in Lebensgefahr geraten. Hunde dürfen auf keinen Fall Wildtieren hinterherjagen oder laut bellen. Jedes Bundesland hat Sonderregelungen für das freie Herumlaufen von Hunden.

Schützen Sie Pflanzen und Pilze!

Bleiben Sie immer auf den Wegen! So zerstören Sie nicht unnötig Pflanzen und Pilze. Zerstören Sie diese auch nicht absichtlich, denn giftige Pflanzen sowie Giftpilze haben ebenfalls ihren sinnvollen Platz in unserem Ökosystem. Für den Eigenverbrauch können Sie Blumen pflücken, wenn sie nicht unter Naturschutz stehen. In Natur und Nationalparks ist dies jedoch meist komplett verboten. Es ist strengstens verboten, Bäume zu fällen oder Äste abzuschneiden. Sie dürfen in fast jedem Bundesland geringe Mengen an Ästen und Holz mitnehmen.

Brandschutz

Offenes Feuer und Grillen sind nur an speziellen Grillplätzen erlaubt. Dabei muss eine Mindestentfernung von 100 Metern zwischen der Feuerstelle und dem Waldrand eingehalten werden. Nach dem Grillen oder Picknick müssen alle Müllreste wieder mitgenommen werden. Das Rauchen ist in einigen Bundesländern während bestimmter Monate völlig verboten. In anderen Ländern herrscht das ganze Jahr über Rauchverbot.

Fahren, Radfahren und Reiten

Motorisierte Fahrzeuge dürfen nur mit einer Sondererlaubnis gefahren werden. Auch das Parken ist im Wald oder auf Waldwegen verboten. Stellen Sie Ihr Fahrzeug nur außerhalb des Waldes auf Wanderparkplätzen ab. Das Radfahren und Reiten ist nur auf geeigneten und besonders ausgeschilderten Wegen erlaubt. Crossfahren mit Mountainbikes ist grundsätzlich verboten. Nehmen Sie Rücksicht auf Wanderer und Spaziergänger!

Reisen

Reisen sind für mich immer ein einmaliges **Erlebnis**. Egal ob es **ins Ausland** geht oder ob ich **im Inland** meinen **Urlaub** verbringe, ist es für mich stets **etwas Unvergessliches**. Das beginnt schon mit der Reisevorbereitung: Wenn ich die passende Kleidung suche und sie dann in den **Koffer** lege, stelle ich mir schon die **Erfahrungen** vor, die ich machen werde: Dann sehe ich vor mir die **Sehenswürdigkeiten**, die auf mich warten oder die **Spazierfahrt** auf einem blauen Fluss. Immer wenn ich an ein **Reiseziel** denke, habe ich schon diesen Traum: Ich sehe mich **auf eine Wanderung**, **in die Berge** gehen oder beim Gespräch mit den Bewohnern eines exotischen Landes über ihre Sitten und Gebräuche. Ja, das Letztere mag ich am liebsten, denn Reisen bedeutet für mich nicht etwa Liegen am Strand, sondern einen lebendigen Kulturaustausch mit dem Land und seinen Bewohnern, bei dem ich etwas Neues lernen kann. Das finde ich für meinen Horizont wichtig.

1 **Nomen und Verb. Ordnen Sie den Begriffen aus dem Text die passenden Verben zu.**

1	Erfahrungen	_f, h, j_	a	besichtigen
2	ein Erlebnis	_____	b	bleiben
3	etwas Unvergessliches	_____	c	erleben
4	Koffer	_____	d	unternehmen
5	auf eine Wanderung	_____	e	finden
6	Sehenswürdigkeiten	_____	f	sammeln
7	(ein) Reiseziel	_____	g	gehen
8	(eine) Spazierfahrt	_____	h	haben
9	ins Ausland	_____	i	kennen lernen
10	Urlaub	_____	j	machen
11	im Inland	_____	k	packen
12	in die Berge	_____	l	reisen

2 **Lesen Sie den Text. Welches Reiseziel passt zu welcher Person?**
Für eine Person gibt es kein passendes Angebot (0).

Österreich: Land der Urlaubsträume

Österreich hat für jeden etwas zu bieten, ob Naturschönheit oder hohe Kunst, Erholung oder etwas Tolles erleben – in unserer sympathischen Alpenrepublik kann jeder etwas Passendes für sich finden. Wir beginnen natürlich mit der Donaumetropole und Landeshauptstadt **Wien**. Es ist ein wahres Paradies für alle Kunst- und Kulturliebhaber, denn hier befinden sich nicht nur sehr wichtige Bauten aus fast allen Stilepochen der Vergangenheit wie etwa Gotik, Renaissance und Jugendstil. Der Besucher kann hier auch zahlreiche Museen, Galerien und Ausstellungen besuchen. Und nach so viel Kultur ist natürlich Shopping angesagt: Auf der eleganten Einkaufsmeile in der historischen Innenstadt findet man schicke Kollektionen von allen wichtigen und bekannten Modehäusern. Wer sich aber speziell für die Klassik interessiert, für den ist ein Ausflug nach **Salzburg** einfach ein Muss. Hier in der Geburtsstadt Mozarts finden außer den berühmten Salzburger Festspielen auch viele klassische Konzerte statt. Wem aber Rock- und Popmusik gefällt, der sollte unbedingt eine der zahlreichen Musikveranstaltungen in der Universitätsstadt **Graz** besuchen. Hier kann man bei lauten Klängen so richtig „abtanzen". Nach all diesem Lärm braucht man wahrscheinlich ein wenig Ruhe und Erholung. Diese findet man im märchenhaften **Südburgenland** mit seinen Weinbergen und romantischen Burgen und Schlössern. Und: Österreich – das sind natürlich die Alpen, die zum Wandern, Klettern und allen Wintersportarten einladen. Da kann man zum Beispiel die Gegend um den **Großglockner**, den höchsten Berg Österreichs, besuchen, wo die Winter-Saison noch bis Mai dauert.

Beispiel:

0 Gabriela, die sich für die Geschichte der Baukunst interessiert. Reiseziel: _Wien_____

1 Osfaldo, der gern moderne Musik hört. Reiseziel: _____

2 Angelika, die sich einfach von ihrem stressigen Job erholen möchte. Reiseziel: _____

3 Marek, der ein leidenschaftlicher Skiläufer ist. Reiseziel: _____

4 Hedwig, die gern günstig einkaufen gehen möchte. Reiseziel: _____

5 Lucy, die sich gern Werke großer Maler ansieht. Reiseziel: _____

Wortschatz, Strukturen und Lesetraining

1 **Synonyme finden. Ordnen Sie zu.**

1	das Apartment	_____	a	der Empfang
2	die Bahn	_____	b	das Flugzeug
3	der Flieger	_____	c	das Gericht
4	die Haltestelle	_____	d	die Innenstadt
5	die Rezeption	_____	e	die Metro
6	die Speise	_____	f	die Station
7	die U-Bahn	_____	g	die Wohnung
8	das Stadtzentrum	_____	h	der Zug

2 **Kategorien bestimmen. Ordnen Sie die Begriffe aus dem Kasten den passenden Kategorien zu.**

das Amphitheater | die Altstadt | der Aufenthalt | die Empfangshalle |
die Fähre | der Frühstücksraum | der Führerschein | die Gesundheitskarte |
die Kathedrale | die Kirche | das Motorrad | das Museum |
der Personalausweis | der PKW | der Reisebus | der Reisepass |
die Vollpension | das Visum | der Zimmerservice

Dokumente	Verkehrsmittel

Sehenswürdigkeiten	im Hotel

3 **Andere Länder, andere Sitten. Lesen Sie den Text. Ersetzen Sie die markierten Stellen mit Hilfe der Ausdrücke aus dem Kasten.**

die Achtung | benehmen | berücksichtigen | generell | sich informieren |
Im Mittelpunkt steht | nicht laut sein | keine Probleme zu bekommen | die man trifft

Bevor man in ein fremdes Land fährt, sollte man **sich vorher erkundigen**, wie man sich dort richtig **verhalten** muss, um **nicht in Schwierigkeiten zu geraten** und um seine Gastgeber nicht zu beleidigen. Nicht alles, was im eigenen Land als selbstverständlich gilt, wird auch im Gastland akzeptiert. **Das Wichtigste ist** natürlich **der Respekt** vor den Menschen, **denen man begegnet**. Und das beginnt schon mit der Kleidung: Kurze Röcke oder Hosen, Flip-Flops und ärmellose Blusen werden in vielen Gegenden der Welt nicht gern gesehen. Außerdem sollte man auf jeden Fall auf die Tischsitten und **im Allgemeinen** die Esskultur des Landes, das man bereist, **Rücksicht nehmen**. Man sollte auch **keinen Lärm** z.B. durch Gelächter oder Musik **verursachen**.

Bevor man in ein anderes Land fährt, sollte man sich vorher informieren, wie man ...

4 **Alexander von Humboldt (1769-1859)**

a Lesen Sie folgenden Text.

Der romantische Abenteurer, Autor und Forscher
Man **gab** ihm den Titel des zweiten Entdeckers Amerikas, denn er **brachte** den Europäern mit seinen spannenden Reiseberichten, exotischen Pflanzen und beeindruckenden Tierzeichnungen die Neue Welt näher. Alexander von Humboldt **wurde** in Berlin geboren, wo er auch im Alter von 90 Jahren **starb**. Doch seine unruhige Natur **führte** ihn oft weit weg von seiner preußischen Heimat. Seine Interessen **galten** nahezu allen Gebieten der Wissenschaft und des Wissens. So **beschäftigte** er sich mit Physik, Biologie und Chemie. Was aber für Humboldt wirklich im Mittelpunkt **stand, war** viel mehr als nur rein wissenschaftliches Interesse, es war eine leidenschaftliche und romantische Liebe zur Natur. Deshalb **studierte** er Geographie, beschäftigte sich mit dem Klima und **erforschte** Meere, Vulkane und sogar Steine. Aber er **wollte** noch mehr: Er wollte den Reichtum der Natur persönlich erleben. Erst wenn er die Naturphänomene selbst **sah, anfasste, roch,** dann **fühlte** er so etwas wie Glück. Und so **verließ** er mehr als einmal seine preußische Heimat und **ging** auf Reisen. Er **kam** nach Lateinamerika, wo er exotische Tiere **beobachtete** und seltene Pflanzen **sammelte**, die er dann nach Deutschland brachte. Noch im Alter von 60 Jahren **fuhr** er nach Sibirien, wo er unter anderem das Klima **untersuchte**. Seine Forschungsergebnisse und Entdeckungen **machten** ihn weltweit berühmt.

b Notieren Sie die fettgedruckten Verben aus 4a in die untenstehende Tabelle. Ergänzen Sie auch den Infinitiv und das Perfekt.

Infinitiv	Präteritum	Perfekt
geben	gab	hat gegeben

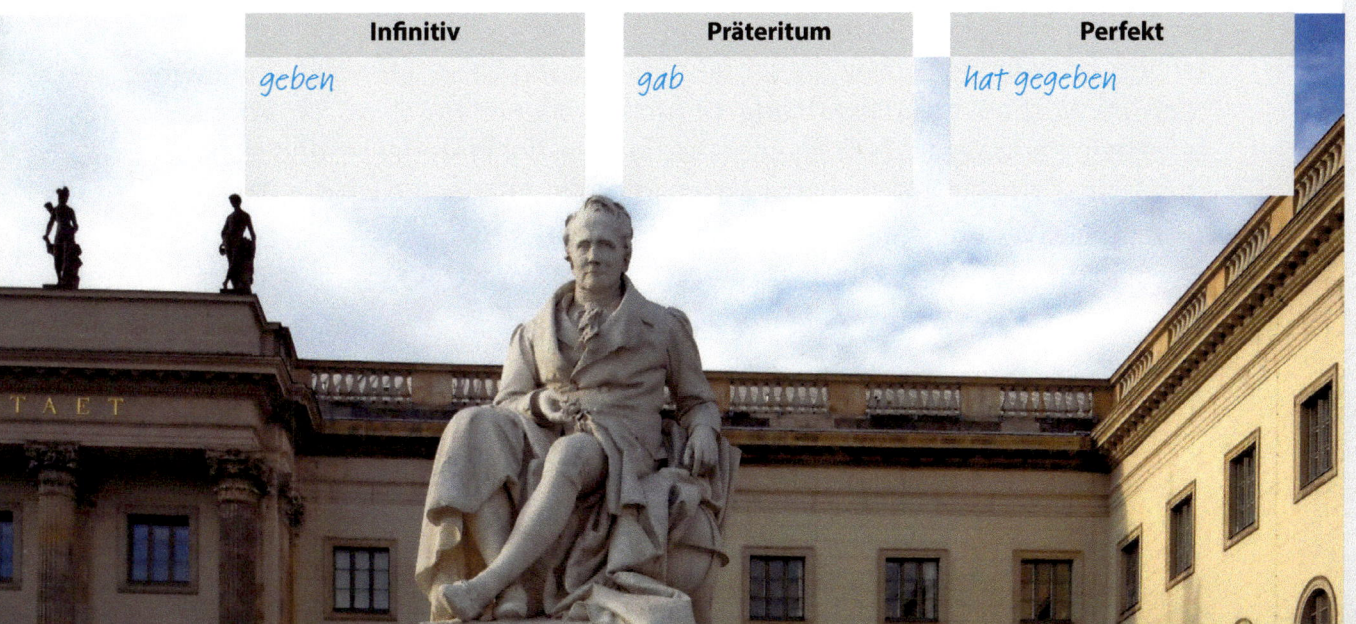

**Lesen Sie den Text und die Aufgaben 1 bis 6 dazu.
Wählen Sie: Sind die Aussagen *Richtig* oder *Falsch*?**

Sewans Reise blog.de

Hi! Jetzt bin ich gerade mal in meiner Heimatstadt Köln angekommen und bereite mich schon auf die nächste Reise vor. Wohin? Weiß ich noch nicht! Ich muss erstmal die Reiseeindrücke meiner letzten Reise nach Peking verarbeiten. Dabei hilft mir natürlich auch dieser Blog. Tja, womit soll ich beginnen? Also, vielleicht erstmal mit dem Reiseziel: Peking! Na? Woran denkt man, wenn man Peking hört? Na klar: an die Verbotene Stadt, den Himmelstempel und die Chinesische Mauer. Aber ich möchte euch lieber das moderne, neue Peking vorstellen mit seiner unglaublichen Architektur, dem hochmodernen U-Bahn-Netz und den tollen Einkaufszentren. Aber alles der Reihe nach:
Am ersten Tag habe ich das berühmte „schiefe" Hochhaus von Peking besucht, das *Central Television Headquarter* bzw. das *CCTV Headquarters*. Hier hat, wie der Name ja schon sagt, der staatliche Sender Chinas seinen Hauptsitz. Es gehört zu den berühmtesten Bauwerken der Gegenwart und beeindruckt vor allem von Weitem durch sein atemberaubendes Äußeres. Danach ging es mit der U-Bahn zum Olympiagelände von Peking. Super, dass man den Olympiapark noch heute besuchen kann. In vielen ehemaligen Olympiastädten wird ja nach den Olympischen Spielen alles abgebaut und ist für Touristen und andere Interessierte nicht mehr zugänglich. Übrigens ist man mit der U-Bahn in Peking viel schneller am Ziel als mit dem Taxi! Peking ist berühmt für seine ständigen Staus.
Zweiter Tag: Da bin nach Sanlitun, dem Ausgehviertel und der Shoppingmeile Pekings gefahren. Hier, wo es noch vor zehn Jahren eine Bar neben der anderen gab, kann man heute in schicken Boutiquen, Einkaufszentren und Geschäften einkaufen.
Wenn ich nicht so müde gewesen wäre, hätte ich auch gern noch das Künstlerquartier *98 Art District* besucht. Das ist ein ehemaliges Industrieviertel, wo sich heute Werkstätten und Ateliers meist junger Pekinger Künstler befinden. In den alten Gassen findet man vor allem Ateliers, Galerien, Street Art und jede Menge Souvenirläden, Restaurants und Cafés. Ich wollte dann noch am Wochenende dieses Viertel besuchen, aber im Hotel, wo ich wohnte, sagte man mir, dass das ein beliebtes Ausflugsziel der Pekinger sei und sich gerade am Ende der Woche halb Peking dort trifft. Also werde ich das dann bei meinem nächsten Pekingbesuch nachholen.
So viel für heute! Morgen stelle ich dann noch Fotos von meiner Reise ins Netz!

1 Sewan schreibt vor allem über das alte Peking.

Richtig | Falsch

2 Das Hochhaus des staatlichen Senders sieht vor allem von Nahem besonders schön aus.

Richtig | Falsch

3 Die Bauten von den Olympischen Spielen kann man in Peking nicht mehr besuchen.

Richtig | Falsch

4 In Peking ist immer viel Verkehr.

Richtig | Falsch

5 Sanlitun ist ein Einkaufs- und Vergnügungsviertel Pekings.

Richtig | Falsch

6 Sewan hat es nicht geschafft, das Künstlerviertel zu besuchen.

Richtig | Falsch

Lesen Sie den Text und die Aufgaben 7 bis 9 dazu.
Wählen Sie bei jeder Aufgabe die richtige Lösung a, b oder c.

Ein verbotenes Souvenir

Sandklau auf Sardinien

Ein wunderschöner Urlaub neigt sich dem Ende zu und man muss Abschied nehmen von diesem tollen weißen Strand, an dem man so viele, schöne Stunden verbracht hat. Warum nicht ein kleines Andenken an die Insel mitnehmen? Vielleicht etwas Sand für den Garten oder fürs heimische Aquarium? Nicht so schlimm? Keinesfalls: Viele Urlauber wissen gar nicht, dass sie sich mit dem Diebstahl von Strandsand strafbar machen und es bei der Ausreise richtig Ärger geben kann. Ein Tourist ist in diesem Sommer dabei erwischt worden, wie er Sand in eine große Tüte und in mehrere Flaschen abfüllte.

Er kam zwar dafür nicht ins Gefängnis, musste aber immerhin 160 Euro Strafe zahlen. Und da hat er noch Glück gehabt, denn andere Sanddiebe mussten schon bis zu 3000 Euro hinblättern.

Die Mitarbeiter der Sicherheitskontrolle an den sardischen Flughäfen finden vor allem während der warmen Jahreszeit im Gepäck der Reisenden täglich Tüten und Taschen voller Sand und unter Schutz stehender Muscheln. Besonders am Flughafen Elmas geht es drastisch zu: Hier werden jedes Jahr zwei bis drei Tonnen Sand beschlagnahmt. Hätte man so viel Sand von der Insel Sylt mitgenommen, gäbe es diese Insel nach Meinung einiger Experten gar nicht mehr.

Die Mitnahme von Sand beeinflusst das maritime Ökosystem spürbar. Und so schön auch die kleinen reiskörnerartigen weißen Sandkörner sind – sie sollten doch lieber auf der Insel bleiben.

Beispiel:

0   Die Touristen Sardiniens …

a	dürfen Sand aus Sardinien mitnehmen.
☒	können Sandstrand in Souvenirgeschäften kaufen.
c	nehmen oft Sand als Souvenir mit nach Hause.

7   In diesem Text geht es um …

a	eine strafbare Handlung.
b	ökologische Probleme auf Sardinien.
c	Urlaubsangebote auf Sardinien.

8   Viele Urlauber meinen, dass …

a	der Diebstahl von Sand nicht schlimm ist.
b	man den Sand in Tüten oder Flaschen verstecken sollte.
c	man die Diebe bestrafen sollte.

9   Auf den sardischen Flughäfen …

a	finden die Behörden jährlich in den Koffern der Reisenden tonnenweise Sand.
b	gibt es das Problem mit dem Sanddiebstahl im Winter nicht.
c	hat man auch schon Sand von der Insel Sylt gefunden.

Lesen Sie den Text und die Aufgaben 10 bis 12 dazu.
Wählen Sie bei jeder Aufgabe die richtige Lösung a, b oder c.

Für wenig Geld quer durch Europa

Der Fernbus als Alternative zu Bahn und Flugzeug

Schon seit Langem hat sich der Fernbus als Alternative zur Bahn etabliert. Doch ging es bisher meist nur um Städtetrips, starten die Fernbusse nun auch mit Rundreisetickets zu Zielen in über 20 Länder Europas. Und auch bei diesen Reisen sind die Preise deutlich günstiger als bei der Bahn und den Fluggesellschaften. Weitere Vorteile der Bustickets sind die längere Gültigkeit und die Flexibilität, die sie den Reisenden bieten. Vor allem junge Leute nutzen dieses Angebot, um neue Orte zu entdecken, da der sogenannte *Buspass* es ihnen erlaubt, mit einem ökologisch reinen Gewissen zu fahren. Fernbusse verbrauchen im Vergleich zu anderen Transportmitteln laut Umweltbundesamt weniger Treibstoff und stoßen weniger Schadstoffe pro Kopf aus. Dennoch können Reisende einen zusätzlichen Klimaschutzbeitrag leisten, indem sie bei der Online-Buchung freiwillig 1% bis 3% auf den Kaufpreis mehr bezahlen. Dieser Betrag fließt dann in Umweltprojekte ein. Außerdem können die Reisenden auch kurzfristig buchen und trotzdem ein günstiges Ticket erwerben. Bei Billigflügen hingegen findet man billige Tickets nur, wenn man früh, also lange im Voraus, bucht – abgesehen von der hohen Emission von Schadstoffen bei diesem Transportmittel.

10 **In diesem Text geht es, um ...**

      a   die umweltfreundlichsten Reiseanbieter.

      b   eine Umfrage zu den besten Transportmitteln.

      c   eine umweltfreundliche Möglichkeit zu reisen.

11 **Fahrten mit Fernbussen ...**

      a   machen vor allem junge Menschen.

      b   sind 1 bis 3% teurer als mit anderen Verkehrsmitteln.

      c   sind weniger umweltfreundlich.

12 **Flüge ...**

      a   sind eines der umweltfreundlichsten Transportmittel.

      b   sind nur billig, wenn man rechtzeitig bucht.

      c   sind vor allem billig, wenn man früh am Morgen bucht.

Lesen Sie die Situationen 13 bis 19 und die Anzeigen a bis j aus verschiedenen deutschsprachigen Medien.
Wählen Sie: Welche Anzeige passt zu welcher Situation?
Sie können jede Anzeige nur einmal verwenden. Die Anzeige aus dem Beispiel können Sie nicht mehr verwenden. Für eine Situation gibt es keine passende Anzeige. In diesem Fall schreiben Sie 0.

Im Internet suchen folgende Personen Informationen zum Thema Reisen.

Beispiel:

0	Julia möchte im Urlaub auch etwas für den Umweltschutz tun.	Anzeige: _d_

13	Pablo ist ein passionierter Leser von spannenden Reiseromanen.	Anzeige: _____
14	Jessica sucht nach günstigen Fahrgelegenheiten quer durch Europa.	Anzeige: _____
15	Lucretia möchte ihren Urlaub dazu nutzen, um tauchen zu lernen.	Anzeige: _____
16	Igor liebt die Geschichte der Antike und möchte sein Hobby mit Erholung verbinden.	Anzeige: _____
17	Svetlana ist sehr sportlich und möchte in den Sommerferien arbeiten.	Anzeige: _____
18	Antonio interessiert sich für seltene Tiere, die in Europa leben.	Anzeige: _____
19	Georg liebt es, auf seinen Reisen die Essensspezialitäten anderer Völker kennenzulernen.	Anzeige: _____

a

Als wärest du in der Karibik …

In unserem Wellness-Center
erlebst du unvergessliche
Augenblicke
der Entspannung und
des Wohlgefühls.
Ganz neu: Unser Karibik-Themenpool.
Genieße hier einen Hauch
von Ferne und Exotik.
Würzburg-Frankenquellen

b

Schlafen können Sie später, träumen jetzt, denn die toskanischen Nächte sind lang
- Konzerte und Freiluftkinos
- Restaurants mit traumhaften regionalen Gerichten
- die besten Weingärten mit erlesenen Weinen

www.toscanadreams.at

Ein unbekanntes, wildes Europa erwartet dich!

Im polnischen Białowieża-Urwald,
einem der letzten Urwaldgebiete auf unserem
Kontinent
kannst du eine Naturpracht entdecken,
die fast überall sonst schon zur Naturgeschichte
gehört.
In diesem einzigartigen Lebensraum
leben über 12.000 Tierarten.
Viele von ihnen sind nur hier zu finden.
www.europasletzteparadiese.de

Willst du retten, was du liebst?

Unsere Initiative wendet sich
an alle, die in ihrem Urlaub
mehr als nur chillen wollen.
Nach dem Sonnenbad reinigen wir
die Strände vom Abfall und
reparieren die Nester
der Meeresschildkröten.
Na, neugierig geworden?
Dann besuch uns unter
www.naturapura.ch

Die beste Reiseliteratur nur bei uns.
Hier findest du:
➤ **Die besten Reiseführer**
➤ **Die aktuellsten Landkarten**
➤ **Kochbücher mit Rezepten aus aller Welt**
Die Buchhandlung *Fernweh*

Günstig reisen durch ganz Deutschland:

Sparpreise und Sonderangebote
der Deutschen Bahn AG

Bis zu 6 Monate im Voraus buchen und Geld sparen!
Sichern Sie sich jetzt eine einfache Fahrt ab 29.90 €
und reisen Sie durch die ganze Bundesrepublik.
*https://www.bahn.de/p/view/angebot/sparpreis/
spartickets.shtml*

**Du bist jung, fit, dynamisch,
und arbeitest gern mit Leuten?**
Dann bist du bei uns genau richtig.
Wir suchen für die kommende Saison
auf Teneriffa engagierte Animateure,
die unsere Gäste unterhalten
und so richtig auf Trab bringen.
Mehr Infos unter:
www.sonnenscheinfuerimmer.at

**Die türkische Riviera heißt Sie willkommen!
Verpassen Sie nicht das fantastische Angebot.
Sechs Tage für nur 432 Euro!**
Lassen Sie sich verzaubern von den schönen Stränden und
entdecken Sie die historischen Schätze Kleinasiens
beim Besuch des Mausoleums von Halikarnassos
und des legendären Tempels der Artemis in Ephesos,
die im Altertum zu den sieben Weltwundern gehörten.
Garantiert unvergessliche Augenblicke!

**Fitness-Urlaub auf Mallorca!
Für Kinder, Erwachsene und Senioren.**
Unser Programm:
- Morgengymnastik und Meditation
- Krafttraining für Fortgeschrittene
- Trekking
- Windsurfing
- Tauchkurse

Neu im Angebot:
- Wasserski-Kurse für Anfänger

Ihr Hotel Orchidea * * * *

Ein Kapitän von fünfzehn Jahren
von Jules Verne jetzt auch als E-Book erhältlich
Erinnern Sie sich noch an den tapferen Dick
Sand?
Ganze Generationen von Lesern folgten ihm
bei seinen Abenteuern, bereisten von ihrem
Kinderzimmer aus die Weltmeere
und lernten das noch nahezu unbekannte,
geheimnisvolle Afrika des 19. Jahrhunderts
kennen.
Jetzt in einer neuen deutschen Übersetzung.
Bestellung unter: *www.abenteuerbücher.de*

Lesen Sie die Texte 20 bis 26. Wählen Sie: Ist die Person für ein Rauchverbot an Stränden?

In einem Internetforum lesen Sie Kommentare zum Rauchen am Strand.

Beispiel:

0	**Stefanie**	Ja	~~Nein~~	**23**	**Mechthild**	Ja	Nein
20	**Nadeshda**	Ja	Nein	**24**	**Claus**	Ja	Nein
21	**Herbert**	Ja	Nein	**25**	**Roberta**	Ja	Nein
22	**Christine**	Ja	Nein	**26**	**Kilian**	Ja	Nein

Beispiel:

0 Ich gehe im Sommer jeden Tag an den Strand und ich bin Raucherin. Ich finde, wir haben schon genug Opfer gebracht. Jetzt soll auch noch das Rauchen am Strand verboten werden! Das finde ich unmöglich.
Stefanie, 42, Freiburg

20 Wie oft liege ich an einem Traumstrand in der Karibik und ärgere mich über Zigarettenreste! Mein dreijähriger Sohn ist sogar schon mal auf eine brennende Zigarettenkippe getreten und hat sich den Fuß verbrannt. Muss man denn auch noch am Strand rauchen? Ich bin dafür, dass Rauchen am Strand verboten wird.
Nadeshda, 22, Willisau

21 Was will man uns Rauchern eigentlich noch alles verbieten? Im Flugzeug darf man nicht rauchen, in vielen Hotelzimmern auch nicht. Am Arbeitsplatz sowieso nicht und im Restaurant auch wieder nicht. Warum lässt man uns nicht diese kleine Freiheit, am Strand zu rauchen? Ich nehme den Abfall und auch die Kippen wieder mit. Ich lasse da nichts liegen. Wenn es alle so machen, brauchen wir kein Verbot!
Herbert, 36, Emmen

22 Es ist einfach ekelhaft, wenn man die Zigarettenkippen im Sand sieht. Da könnten ja auch Krankheitserreger dran sein. Igitt! An einem Strand in Thailand hat man kürzlich 138.000 Zigarettenkippen eingesammelt! Und die waren nur von einem Monat! Und diese Menschen, die den Abfall anderer einsammeln, müssen ja auch bezahlt werden. Wahrscheinlich von Steuergeldern. Ich glaube, dort ist jetzt das Rauchen am Strand verboten. Richtig so!
Christine, 27, Düdingen

23 Leider nehmen nicht alle Raucher ihren Müll wieder mit, sondern lassen ihre Zigarettenreste
am Strand liegen. Das ist nicht in Ordnung. Alle sollten ihren Müll wieder mitnehmen – egal ob
Raucher oder Nichtraucher! Könnte man den Rauchern nicht ausgewiesene Bereiche, also eine
Art Raucherinseln an den Stränden zuweisen? Dann können die Raucher ihre Zigaretten dort
genießen und stören niemanden. Aber ein allgemeines Rauchverbot am Strand finde ich den
Rauchern gegenüber ungerecht.
Mechthild, 65, Brünisried

24 Wenn ich im Urlaub bin, dann möchte ich mich entspannen. Und eine Zigarette gehört
dazu. Vielleicht verbietet man uns auch demnächst das Ballspielen oder Burgenbauen oder
Musikhören am Strand?! Viel störender finde ich Kindergeschrei. Da sollten mal die Eltern auf ihre
Kinder besser aufpassen!
Claus, 70, Heitenried

25 Wie soll man dem Touristenansturm noch gerecht werden? Es gibt Länder, die ihren
Touristenstrom kaum noch kontrollieren können. Und da ist es doch in Ordnung, wenn man das
Rauchen am Strand verbietet. Kippen sind nicht nur hässlich, sondern schaden auch der Umwelt.
Tiere fressen dann die Zigarettenreste und vergiften sich. Auch kleine Kinder könnten beim
Spielen so etwas finden und in den Mund stecken.
Roberta, 17, Alterswil

26 Haben wir nichts Besseres zu tun, als uns über das Rauchen am Strand zu streiten? Es gibt doch
wirklich wichtigere Probleme: z.B. das Aufstellen von Papierkörben oder Toiletten, die laute Musik
der Strandbars usw. Da ist doch das Rauchen wirklich das kleinere Übel!
Kilian, 21, Bern

Lesen Sie die Aufgaben 27 bis 30 und den Text dazu.
Wählen Sie bei jeder Aufgabe die richtige Lösung a, b oder c.

Ihre zehnjährige Nichte geht demnächst allein auf Reisen. Sie lesen in einem Newsletter einer Fluggesellschaft folgende Hinweise dazu.

27 Alleinreisende Kinder …

- a dürfen nur mit einer zwölfjährigen Person reisen.
- b müssen bis zum 17. Lebensjahr betreut werden.
- c müssen mindestens 5 Jahre alt sein.

28 Den Reisepass …

- a kann man per E-Mail beantragen.
- b können die Kinder in einer speziellen Tasche aufbewahren.
- c muss man bei der Buchung vorlegen.

29 10Jährige, die während der Weihnachtsferien allein fliegen sollen, …

- a können in dieser Zeit nicht fliegen.
- b müssen ohne Betreuungsservice fliegen.
- c werden per E-Mail über ihren Flug benachrichtigt.

30 Das Handgepäck der Kinder …

- a muss kleiner sein als das Handgepäck von Erwachsenen.
- b sollte von einem Erwachsenen getragen werden.
- c sollte wichtige Dinge wie z.B. Arzneimittel oder etwas Geld enthalten.

Regelung für alleinreisende Kinder

Bei alleinreisenden Kindern gelten folgende Regeln:

Alter

Kinder im Alter zwischen 5 und 11 Jahren dürfen nur dann allein fliegen, wenn sie zusammen mit einer Person reisen, die mindestens 12 Jahre alt ist oder für die unser Betreuungsdienst gebucht worden ist. Alleinreisende Kinder im Alter von 12 bis höchstens 17 Jahren können auf Wunsch der Eltern ebenfalls betreut werden.

Zusatzkosten

Zusätzlich zum Flugpreis fallen für den Betreuungungsservice von alleinreisenden Kindern pro Strecke pro Kind eine Betreuungsgebühr an: Für Flüge innerhalb Deutschlands und Europas beträgt diese 60 Euro, für Interkontinentalflüge 100 Euro.

Zusatzinformation

Beachten Sie bitte, dass es keinen Betreuungsservice während der Weihnachtsferien (24.12. des laufenden Jahres bis 07.01. des Folgejahres) gibt. Sollten Sie für diese Zeit bereits einen Betreuungsservice gebucht haben, erhalten Sie das Geld für Ihr Ticket zurück. In diesem Fall werden Sie per E-Mail von uns informiert.

Reisedokumente

Schon bei der Buchung des Fluges müssen Sie angeben, dass Ihr Kind allein reisen wird. Nach der Buchung erhalten Sie per E-Mail eine Checkliste für alleinreisende Kinder. Dort finden Sie alle wichtigen Informationen für die Reise Ihres Kindes wie Check-in, Handgepäck, Freigepäck und Abholung am Zielort. Am Flughafen erhält dann Ihr Kind eine kleine gelbe Umhängetasche für alle notwendigen Reisedokumente wie z.B. für den Reisepass.

Gepäck

Das Handgepäck sollte Ihr Kind gut selbst tragen können. Es darf genauso groß wie das eines Erwachsenen sein. Im Handgepäck sollten Medikamente, die Ihr Kind eventuell braucht sowie warme Kleidung und etwas Taschengeld nicht fehlen. Aufzugebendes Gepäck darf die Grenzen für Freigepäck nicht überschreiten.

Bildung

Als ich noch **Schülerin** war und das **Gymnasium** besuchte, dachte ich, dass das **Studentenleben** ein Paradies wäre: Ich könnte dann machen, was ich will. Niemand würde mich kontrollieren, es gäbe keine stressigen und schlecht gelaunten **Lehrer**, keine langweiligen **Schulfächer**, sondern **Seminare und Vorlesungen** zu Themen der **Wissenschaft**, die mich schon immer interessiert haben. Ich war so glücklich, als ich endlich das **Abitur** bestanden hatte und das **Zeugnis** in den Händen hielt.

Jetzt weiß ich, dass der **Unialltag** ganz anders aussieht als in meinen Träumen. An der Uni muss ich sogar besser **aufpassen** als in der **Schule**, weil der **Professor** alles nur einmal sagt. Also muss man in einer **Hochschule** gut **zuhören** und alles fleißig **notieren**, sonst hat man Pech gehabt und kann die **Prüfung** nicht **bestehen**. Es stimmt zwar, dass niemand wegen schlechter **Noten** mit mir **schimpft**, aber manchmal habe ich den Eindruck, dass ich ganz allein bin und dass sich niemand um meine **Leistung**, meinen **Lernerfolg** und mein **Wissen** kümmert. Natürlich ist es wichtig, dass man **selbstständig** denken, **planen** und **recherchieren** kann. Aber ein wenig Hilfe würde nicht schaden.

1 Wörter kategorisieren

Was passt? Ordnen Sie den Kategorien die passenden Nomen aus dem Text zu.

Schule	Studium	beides
Lehrer	Seminare und Vorlesungen	Prüfung

2 **Lesen Sie den Text und die Aufgaben 1 bis 5 dazu.**
Wählen Sie: Sind die Aussagen *Richtig* oder *Falsch*?

Benjamins Schulblog

Hallo Leute,
heute möchte ich meine Meinung über die Leute sagen, die meinen, dass früher alles besser
war: Die Schüler waren in der Vergangenheit noch fleißig und haben die Lehrer respektiert, sie
haben Schuluniformen getragen und es gab deshalb keine Konkurrenz unter ihnen. Sie waren
alle ordentlich gekämmt und hatten keine langen Haare und keine Piercings und vor allem gab
es keine Gewalt an den Schulen.
Ich kann euch nur sagen: alles ein Märchen!!! Von wegen keine Gewalt! So ein Blödsinn! Okay,
ich will nicht behaupten, dass an unseren heutigen Schulen alles perfekt ist, aber habt ihr eine
Ahnung, wie die Schule in der Vergangenheit wirklich war? Ich habe neulich zwei Bücher über
die Schule in Deutschland im 19. und am Anfang des 20. Jahrhunderts gelesen. Leute, das war
ein absoluter Horror! Die Schüler mussten alles auswendig lernen, egal, ob sie den Lernstoff
verstanden hatten oder nicht, und wenn sie nicht aufgepasst hatten, dann bekamen sie von
den Lehrern Prügel. Stellt euch vor: Es war ganz normal und absolut erlaubt, die Schüler zu
schlagen! Niemand hat sich um ihre persönliche Entwicklung und Interessen gekümmert.
Wichtig waren nur Disziplin, Gehorsam und die zum Teil tyrannischen Lehrer. Natürlich waren
die meisten Schüler brav und freundlich, aber nur deshalb, weil sie Angst vor Strafen hatten.
Und wenn ich nur an die kalten, unfreundlichen Schulgebäude dieser Zeit denke, die vielleicht
auf einen Fan von Harry-Potter-Romanen einen großen Eindruck machen könnten – die sahen
aus wie Kasernen oder Gefängnisse und die armen Schüler gleichen auf den alten Fotos kleinen
Soldaten. Echt krass!

1	Benjamin ärgert sich über Personen, die die Schule der Vergangenheit bewundern.	Richtig	Falsch
2	Die heutige Schule findet Benjamin nicht besser im Vergleich zu früher.	Richtig	Falsch
3	Die Lehrer der Vergangenheit hatten Lehrerfolge, weil ihre Methoden richtig waren.	Richtig	Falsch
4	Das Verhalten der Schüler war durch die Furcht vor den Lehrern bestimmt.	Richtig	Falsch
5	Die Schulgebäude von damals findet Benjamin beeindruckend.	Richtig	Falsch

Wortschatz, Strukturen und Lesetraining

1 **Die Welt der Wissenschaft**

a Was passt? Ordnen Sie die Begriffe aus dem Kasten den Beschreibungen zu.

**Naturwissenschaft | Rechtswissenschaft |
Geschichtswissenschaft | Sprachwissenschaft**

1 Physik ist eine sehr spannende _____.

2 Bei dieser Wissenschaft geht es um historische Ereignisse: _____.

3 Germanistik, Romanistik und Slawistik gehören zur Kategorie _____.

4 Wer als Anwalt arbeiten möchte, muss Jura, also _____ studieren.

b Was passt? Ordnen Sie die Begriffe aus dem Kasten den einzelnen Wissenschaften zu.
Mehrfachnennungen sind möglich.

**der Anwalt | die Arbeitslosigkeit | das Atom | die Aussprache |
die Bevölkerung | die Energie | der Frieden | das Gericht | das Gesetz |
die Grammatik | das Jahrhundert | der König | die Kraft | der Krieg |
die Krise | das Licht | die Literatur | die Migration | der Mond |
das Sonnensystem | die Statistik | das Recht |
der Schriftsteller | der Stern | die Zahl**

Naturwissenschaft	Geschichtswissenschaft

Rechtswissenschaft	Sprachwissenschaft

2 Implizite Informationen im Text finden.

a Zu welchem Beruf aus dem Kasten passen die folgenden Beschreibungen? Ordnen Sie zu.

**der Architekt | der Flugbegleiter | die Lehrerin | die Managerin |
die Polizistin | der Zahnarzt**

1
Es ist ungeheuer spannend, in einem Großunternehmen zu arbeiten und wichtige Entscheidungen zu treffen. Natürlich bedeutet das auch eine große Verantwortung, denn es geht um sehr viel Geld.

2
Vielleicht habe ich mich deshalb für diesen Beruf entschieden, weil ich eine sehr glückliche Schulzeit hatte. Irgendwie wollte ich immer unbewusst in diese Zeit zurück.

3
Ich kann mich noch ganz genau an diesen Augenblick in Florenz erinnern. Ich sah diese wunderschönen Gebäude, Kirchen und Paläste. Es wurde mir in diesem Moment absolut klar, was ich später werden wollte.

4
Nein, natürlich ist es nicht schön, wenn ich den Leuten manchmal wehtun muss. Aber man muss trotzdem ruhig und gelassen bleiben, denn sonst kann man diese Arbeit gar nicht machen.

5
Als ich ein Kind war, hatte ich schreckliche Flugangst. Ich hätte nie gedacht, dass ich später in einem Bereich arbeiten würde, vor dem ich einmal solche Angst hatte.

6
Als Frau muss man sich in diesem Beruf Respekt verschaffen. Die Uniform allein genügt nicht, man muss manchmal ganz schön streng sein.

1 Managerin

b Welche Schlüsselwörter haben Ihnen bei der Lösungsfindung geholfen? Notieren Sie.

1 Managerin: Großunternehmen, wichtige Entscheidungen treffen, große Verantwortung, sehr viel Geld

3 Verben mit negativen Vorsilben

a Welche Vorsilbe passt zu welchem Verb? Ordnen Sie zu. Einige Vorsilben passen mehrmals.

> **Hinweis:**
> Die Bedeutung des Grundverbs kann sich durch eine Vorsilbe grundlegend
> verändern. Häufig bekommt das neue Verb sogar eine gegenteilige Bedeutung:
> **verstehen-missverstehen, sagen-absagen, decken-abdecken**

1	ab-	_____	a	brauchen
2	de-	_____	b	lernen
3	ent-	_____	c	motivieren
4	miss-	_____	d	schaffen
5	ver-	_____	e	setzen
6	zer-	_____	f	spannen

b Ergänzen Sie die Sätze mit den Verben aus 3a.

1 Man sollte am besten die Tests und die Noten _____.

2 Leider gibt es immer noch Lehrer und Professoren, die ihre Macht _____.

3 Man darf die Schüler nicht durch allzu scharfe Kritik _____.

4 Wenn man eine Fremdsprache nicht regelmäßig spricht, dann wird man sie sicherlich
_____.

5 In unserem schönen Campuspark können sich die Studenten _____.

6 Neue Hoffnung bringen chemische Stoffe, die das Erdöl im Wasser _____
können, ohne der Umwelt zu schaden.

4 Bildung und Ausbildung

Ergänzen Sie das Kreuzworträtsel mit den Begriffen, die zu den Aussagen 1-10 passen. Die graumarkierten Felder ergeben ein neues Wort.

Kreuzworträtsel:

1 ▶ F A | | | | Ä | T
2 ▶ S T U D | | | | | | | G
3 ▶ B E R | | | | H | | E
4 ▶ W E I | | B | I | | | G
5 ▶ A | | Z U B | | D | | D | R
6 ▶ H O | | S C H | | E
7 ▶ A | | B | | D | R
8 ▶ S T | | | | M
9 ▶ L | H | | N | G
10 ▶ A | S B | | | | | B | | T | R | | B

1	Robert hat sich für ein Studium an einer medizinischen _____ entschieden.
2	Max liebt Autos, deshalb wäre Maschinenbau der ideale _____ für ihn.
3	Jessicas Berufsausbildung verläuft nach dem dualen System, d.h. sie arbeitet in einem Hotel und lernt an der _____ die nötige Theorie.
4	Peer ist Bäckergeselle[1] und möchte eine _____ zum Bäckermeister machen.
5	Moritz möchte Dachdecker werden. Zurzeit ist er ein Azubi, das bedeutet ein _____.
6	Melanie weiß noch nicht, ob sie sich für die Uni oder für eine andere _____ entscheiden soll.
7	Melek hat ihre Ausbildung erfolgreich absolviert sie denkt gerne an ihre gute Zusammenarbeit mit ihrem freundlichen und kompetenten _____ zurück.
8	Christine möchte gern Juristin werden, aber sie hat ein wenig Angst, weil das _____ lange dauert und sehr anspruchsvoll ist.
9	Michael ist zurzeit noch _____, wird aber im Herbst die Prüfung zum Koch ablegen.
10	Peter beschäftigt in seinem _____ viele Azubis, die nach dem dualen System ausgebildet werden.

[1] Geselle: Auszubildender, Lehrling

Lesen Sie den Text und die Aufgaben 1 bis 6 dazu.
Wählen Sie: Sind die Aussagen *Richtig* oder *Falsch*?

Blog *StudiumLeipzig* .de

Liebe „potenzielle" Studienplatzbewerber!

Ich bin Nathalie und komme aus Frankreich. Die Organisatoren der Initiative „Pack
dein Studium! Am besten in Sachsen!" hat mich gebeten, in diesem Blog einen
Erfahrungsbericht über mein erstes Studienjahr in Leipzig zu schreiben. Zuerst wollte
ich das nicht, weil ja mein Deutsch noch nicht perfekt ist. Aber Paul, mein deutscher
Freund, hat mir beim Schreiben geholfen.
Während meines letzten Schuljahres wurde ich in einer Broschüre auf die Universität
Leipzig aufmerksam. Ich hatte natürlich schon vorher etwas darüber gehört und
gelesen - zählt die Universität doch im internationalen Ranking zu den 200 besten
und hat viele berühmte Absolventen: Wilhelm Leibniz, Friedrich Nietzsche, Tycho
Brahe (J), Johann Wolfgang von Goethe, Robert Schumann und viele mehr. Ich
entschied mich letztendlich für ein Studium in Wirtschaftsinformatik, denn in Leipzig
sind ja Unternehmen wie Porsche und BMW ansässig, wo man ein Praktikum machen
oder interessante Vorträge wie z.B. zur Digitalisierung in der Automobilindustrie
besuchen kann.
Als ich in Leipzig ankam, überraschte mich die Willkommenskultur: Ich hatte ein
Zimmer in einem Studentenwohnheim bekommen, wobei mir das Studentenwerk
Leipzig schon vor Studienbeginn geholfen hatte, und auf meinem Schreibtisch
stand ein Blumenstrauß mit einer Willkommenskarte und einer Liste mit Dingen,
die ich in der nächsten Zeit erledigen musste. Auf der Liste, die jeder neue Student
von der Uni bekommt, fand ich auch den Namen meines Ansprechpartners (Paul!),
der mir bei Startschwierigkeiten helfen würde. Am dritten Abend gab es ein Treffen
der ausländischen Erstsemester aller Fakultäten im ehemaligen Studentenkeller der
Universität, der *Moritzbastei*. Ich habe erst gedacht, ich befinde mich in einer alten
Burg. Tatsächlich sind es auch die Reste einer alten Festung, die viele Studenten in
den 70er Jahren in freiwilliger Arbeit ausgegraben und zu einem Studentenklub
umgebaut haben. Heute gehört die *MoBa* leider nicht mehr zur Uni.
Na ja, ich habe mir dann Leipzig (scherzhaft auch Hypzig genannt) angeschaut und
war überrascht von den vielen jungen Leuten, die hier leben und arbeiten und auch
von den zahlreichen Jugendstil-Gebäuden (oder *Art nouveau,* wie wir Franzosen
sagen) und dem unglaublich großen und vielfältigen Kulturangebot.

Fazit: Ich ❤ Leipzig!

Nathalie, Montpellier

Beispiel:

0 Nathalie hat den Blog-Beitrag ohne Hilfe geschrieben.

Richtig	~~Falsch~~

1 In einer Broschüre las Nathalie nicht zum ersten Mal etwas über die Leipziger Uni.

Richtig	Falsch

2 Als Nathalie in Leipzig ankam, musste sie zuerst eine Unterkunft suchen.

Richtig	Falsch

3 Nathalie war von dem Empfang in Leipzig enttäuscht.

Richtig	Falsch

4 Paul hatte Nathalie eine Liste mit wichtigen Hinweisen geschrieben.

Richtig	Falsch

5 Die Moritzbastei ist heute kein Studentenklub mehr.

Richtig	Falsch

6 Nathalie wünscht sich jüngere Einwohner in Leipzig.

Richtig	Falsch

Lesen Sie den Text und die Aufgaben 7 bis 9 dazu.
Wählen Sie bei jeder Aufgabe die richtige Lösung a, b oder c.

Der kälteste Schulweg der Welt
Schulkind sein in Sibirien

Der arktische Wind pfeift bei minus 40 Grad ungehindert durchs Land und trotzdem müssen die Kinder auch in Sibirien zur Schule gehen. Doch wie schaffen die Kinder den Schulweg bei dieser Kälte? Das morgendliche Aufstehen muss schnell gehen, denn Langsamkeit kann bei diesen Temperaturen lebensgefährlich sein. Wer sich zu lange ungeschützt in dieser Kälte aufhält – etwa beim Waschen oder Anziehen –, der läuft Gefahr zu erfrieren. Alles Alltägliche wird im sibirischen Ort Oimjakon zur Herausforderung, die Wintertemperaturen betragen hier im Durchschnitt minus 40 Grad. Morgens um 6 Uhr schauen die Mütter auf das Thermometer. Zeigt es höhere Temperaturen als minus 56 Grad an, gehen sie zum nahegelegenen Fluss und holen von dort Eisblöcke, die sie dann zu Hause auf dem Herd schmelzen. Mit dem so entstandenen Wasser können sich die Kinder waschen. Die Zimmertemperatur liegt inzwischen bei 20 Grad. Gehen die Kinder dann aus dem Haus, um zur Schule zu fahren, ist es vor der Tür 70 Grad kälter als drinnen. Nur wenn die Temperaturen niedriger als minus 56 Grad sind, bekommen die Kinder Kältefrei und dürfen zu Hause bleiben. Im Dorf wartet schon der Schulbus auf die Kinder. Der Fahrer hat sein Gefährt auf die Kälte gut vorbereitet, denn ein Ausfall des Motors bei diesen eisigen Temperaturen könnte für die Schulkinder und den Fahrer schlimme Folgen haben. Wann genau der Bus kommt und wann er abfährt, lässt sich nicht planen. Wer den Bus verpasst, muss entweder wieder nach Hause oder zu Fuß zur Schule gehen. Im letzteren Fall kommen die Kinder dann durchgefroren zum Unterricht. Und das, obwohl sie vier Kleidungsschichten, darüber zwei Jacken, zwei Paar Handschuhe, einen dicken Schal und eine warme Pelzmütze tragen.

Beispiel:

0 Bei minus 40 Grad Celsius …

  a gibt es besonders starken Wind.

  ☒ können langsame Bewegungen zum Tode führen.

  c schaffen die Kinder den Schulweg nicht.

7 In diesem Text geht es um …

  a Gefahren und Schwierigkeiten für Schulkinder in Sibirien.

  b Hilfsangebote für Schulkinder.

  c Probleme mit einem Schulbus.

8 Ist es kälter als minus 56 Grad Celsius, …

  a bringt ein Bus die Kinder zur Schule.

  b gehen die Kinder nicht zur Schule.

  c müssen die Kinder trotzdem die Schule besuchen.

9 Der Schulbus …

  a hat einen festen Fahrplan.

  b hat keine Heizung.

  c ist gegen Kälte gut geschützt.

Lesen Sie den Text und die Aufgaben 10 bis 12 dazu.
Wählen Sie bei jeder Aufgabe die richtige Lösung a, b oder c.

Lernen im Freien
Der Waldkindergarten macht schlau

Die kleine Lina ist außer sich vor Begeisterung, als sie zu Hause von ihrem ersten Tag im Waldkindergarten berichtet: „Mama, du hättest die Rehe, den Igel und die Eichhörnchen sehen sollen!" So wie der fünfjährigen Lina ergeht es vielen Kindern, die einmal im Jahr einen Waldkindergarten besuchen.

Die Idee der Waldpädagogik lautet: Was man selbst erlebt hat, das vergisst man nicht so leicht. Und das stimmt auch, denn die Kinder merken sich Sachen am besten, wenn alle ihre Sinne angesprochen werden, wenn sie also gleichzeitig hören, sehen, riechen und Dinge berühren können. Für ein solches Lernen mit allen Sinnen ist der Wald mit all seinem Reichtum ein idealer Lernort. Der Waldkindergarten erweist sich vor allem als pädagogisch wertvoll für die Sprachentwicklung der Kinder: Durch das Spielen im Wald lernen die Kinder Namen von Waldtieren, Pflanzen und Pilzen. Doch der Aufenthalt im Wald bietet noch viel mehr: Die Kinder verarbeiten sprachlich ihre Erlebnisse, indem sie darüber erzählen. Dabei müssen sie häufig nachdenken und nach passenden Wörtern und Ausdrücken suchen. Das wiederum fördert ihre Fantasie und Kreativität. Zusätzlich werden ihre Sprachfähigkeiten durch Aufsagen von Gedichten, Erzählen von Märchen und gemeinsames Singen von Liedern gefördert. Letzteres stärkt auch das Gemeinschaftsgefühl und ist hilfreich für die soziale und kommunikative Entwicklung der Drei-bis Sechsjährigen.

10   In diesem Text geht es um …

- a   den Einfluss auf die Lernfähigkeiten der Kinder.
- b   die Sprachentwicklung im Kindergartenalter.
- c   einen klassischen Kindergarten im Wald.

11   Die Kinder lernen am besten, …

- a   wenn sie in der Natur sind.
- b   wenn sie singen, erzählen und Gedichte lernen.
- c   wenn viele Fähigkeiten gleichzeitig trainiert werden.

12   Der Waldkindergarten …

- a   fördert ausschließlich die Sprachentwicklung.
- b   hat positiven Einfluss auf die Kommunikation.
- c   hilft den Kindern, eine Gemeinschaft zu bilden.

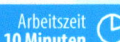
Lesen Sie die Situationen 13 bis 19 und die Anzeigen a bis j aus verschiedenen deutschsprachigen Medien.
Wählen Sie: Welche Anzeige passt zu welcher Situation?
Sie können jede Anzeige nur einmal verwenden. Die Anzeige aus dem Beispiel können Sie nicht mehr verwenden. Für eine Situation gibt es keine passende Anzeige. In diesem Fall schreiben Sie 0.

Im Internet suchen folgende Personen Informationen zum Thema Ausbildung und Arbeit.

Beispiel:

0 Marin ist gehbehindert und sucht einen Ausbildungsplatz. Anzeige: _i_

---

13 Maria möchte Köchin werden und sucht einen Ausbildungsplatz. Anzeige: _____

14 Amir ist seit einem Monat in Deutschland und möchte eine Arbeit finden, aber auch seine Deutschkenntnisse verbessern. Anzeige: _____

15 Marianne ist Arzthelferín, hat drei Jahre im Ausbildungsbereich gearbeitet und sucht auf diesem Gebiet eine neue Arbeitsstelle. Anzeige: _____

16 Jurai hat die Abiturprüfung nicht geschafft und weiß nicht, was er werden will. Anzeige: _____

17 Marja hat bisher als Krankenpflegerin gearbeitet und möchte nun als Ausbilderin im Pflegebereich arbeiten. Anzeige: _____

18 Ferdi ist Koch und sucht einen Arbeitsplatz mit weniger Stress und weniger Überstunden. Anzeige: _____

19 Franzi möchte das Abitur nachholen, arbeitet aber im Schichtdienst. Anzeige: _____

Koch (m/w) im Restaurant
Herzlich Willkommen im abgefahrensten
und spaßigsten Restaurant der Stadt.
Wir suchen DICH für unsere Crew!
Wir bieten dir:
✔ ein innovatives Konzept
✔ Aufstiegs- und Entwicklungsmöglichkeiten
✔ viel Freiraum
✔ ein verrücktes, junges Team
✔ dein Wunschgehalt bei Wunschleistung
✔ neueste moderne Technik
Du hast:
✔ keinen Superstress mehr,
✔ keine 70-Stunden-Wochen mehr,
✔ ein Restaurant, in dem das Arbeiten Spaß macht.

mehr

Für unsere Niederlassung in
Marburg suchen wir
zum 01.02.
Ausbilder (m/w) für den Bereich Gesundheit
und Soziales in Teilzeit
Was Sie erwartet:
Als Ausbilder/in sind Sie für die
fachpraktische und
-theoretische Ausbildung unserer
Teilnehmenden verantwortlich.
Was wir erwarten:
o abgeschlossene Ausbildung im
Bereich Gesundheit oder Soziales
(Krankenpfleger/in, Arzthelfer/in,
Erzieher/in) und mindestens einjährige
Erfahrung in der Anleitung bzw.
Einarbeitung von Auszubildenden in
dem Bereich Gesundheit oder Soziales.
o mehrjährige Berufserfahrung im
pädagogischen Bereich, die Sie ggf. bei
einem Bildungsträger sammeln konnten.

mehr

Ausbildung zum Koch / zur Köchin

Ihre Vorteile:
- Erlernen der Vor- und Zubereitung von Speisen
- Beratung und Betreuung von Gästen
- Organisation von Arbeitsabläufen
- Sicherstellung von Hygiene- und Qualitätsstandards

Ihr Profil:
- Mindestens qualifizierter Hauptschulabschluss mit guten Noten
- Gute Deutschkenntnisse in Wort und Schrift
- Gute Umgangsformen sowie ein gepflegtes und selbstbewusstes Auftreten
- Kreativität und Engagement
- Teamfähigkeit und Flexibilität

mehr

Job-Hilfe
Du weißt noch nicht, wohin dein beruflicher Weg führt und möchtest verschiedene Arbeitsfelder ausprobieren? Du brauchst Hilfe bei der Ausbildungs- und Jobsuche? Dann starte bei uns durch!

mehr

Volkshochschule Presbau
Literaturkurse
Abi nachholen
Englischkurse (A1 bis C2)
Mathekurse (7. bis 12. Klasse)
Unterricht ab 16.00 Uhr

mehr

Integration aktiv

Unsere Initiative richtet sich insbesondere an Migranten und Migrantinnen und bietet individuelle Unterstützung bei der Verbesserung der Sprachkenntnisse, der Alltagsorganisation, beim Berufseinstieg, in der beruflichen Praxis und bei der Förderung der Sozialkompetenz.

mehr

Koch/Köchin gesucht
Wir bieten:
➢ gutes Gehalt
➢ Karrierechancen
➢ angenehme Arbeitsumgebung
Sind Sie kreativ und halten Stress aus?
Sie stört es nicht, auch mal länger zu arbeiten?
Sie sind belastbar und teamfähig?
Dann bewerben Sie sich noch heute.

mehr

Fernschule FSW

Sie wollen Ihr Abitur nachholen? Sie haben wenig Zeit oder unregelmäßige Arbeitszeiten? Dann kommen Sie zu uns! Bei uns wird das Abitur individuell an Ihre Vorkenntnisse und Ihre Bedürfnisse angepasst.
Bei uns gibt es 3 Prüfungstermine pro Jahr. So können Sie sicher sein, dass Sie selbst bei Krankheit oder beruflicher Belastung nicht unter enormen Zeitdruck geraten.

mehr

Berufsvorbereitung – Rehabilitation
- Unterstützung junger Menschen mit Behinderungen bei ihrem Einstieg in die Ausbildung und in das Berufsleben
- Vermittlung von Ausbildungsplätzen
- erfahrene Pädagogen, Lehrkräfte und Ausbilder vermitteln Kenntnisse und Fertigkeiten verschiedener Berufsfelder, trainieren soziale Kompetenzen und sorgen für Einblicke in das Berufsleben bei unseren Kooperationsbetrieben

mehr

Immer noch keinen Job?

Ob Koch, Krankenpfleger oder Friseur, wir helfen Ihnen bei Ihrer Bewerbung. Loggen Sie sich auf unserer Plattform ein und los geht's!

mehr

Lesen Sie die Texte 20 bis 26. Wählen Sie: Ist die Person für eine einjährige Auszeit nach dem Abitur?

In einem Internetforum lesen Sie Kommentare zu einem Jahr Pause nach dem Abitur.

Beispiel:

0	**Lars**	Ja ☒	Nein	**23**	**Marie-Claire**	Ja	Nein
20	**Evita**	Ja	Nein	**24**	**Franziska**	Ja	Nein
21	**Adam**	Ja	Nein	**25**	**Benno**	Ja	Nein
22	**Stefanie**	Ja	Nein	**26**	**Ata**	Ja	Nein

Beispiel:

0 Das stimmt natürlich, dass die Zeit etwas Wertvolles ist. Aber ich glaube, es kommt darauf an, wie man diesen Wert definiert. Den einen erscheint es sinnvoll, so schnell wie möglich ihr Studium abzuschließen und ins Berufsleben einzusteigen. Dagegen ist auch nichts zu sagen. Die anderen brauchen wiederum Zeit, um Erfahrungen zu sammeln, im Ausland eine Sprache zu lernen oder sich selbst zu finden. Das Eine schließt das Andere nicht aus.
Lars, 73, Riedlingen

20 Nach dem Abitur wollte ich zuallererst eine Weltreise machen. Ich habe auch nicht lange überlegt, sondern gleich ein Flugticket nach Amerika gebucht. Ich habe ein wenig Geld von meinen Eltern bekommen und außerdem habe ich ein bisschen gekellnert, wenn die Kasse knapp wurde. Ich habe die schönsten Orte der Welt und die verrücktesten Typen kennengelernt. Und ich habe es nie bereut.
Evita, 35, Konstanz

21 Früher mussten die Jungen entweder zum Wehrdienst gehen oder Zivildienst leisten. Das hatte zur Folge, dass sie erst ein Jahr später mit dem Studium anfangen konnten. Dadurch waren sie sicherlich den Mädchen gegenüber benachteiligt. Jetzt können alle gleich nach dem Abi studieren. Warum sollte man diese Zeit verschwenden?
Adam, 44, Bochum

22 Ein Jahr Auszeit muss ja nicht gleich ein Jahr Faulenzen bedeuten. Für viele Jugendliche, vor allem aus sozial schwächeren Familien, bleibt ein Studium oft ein unerreichbarer Traum. Damit dieser Traum aber doch noch in Erfüllung gehen kann, gehen viele Abiturienten arbeiten, um ein bisschen Geld zu verdienen. Mit diesem Geld können sie dann später ihr Studium finanzieren. Für viele ist dies die einzige Lösung.
Stefanie, 21, Gotha

23 Natürlich wäre ein ganzes Jahr Ferien nach dem Abi etwas Tolles, vor allem wenn man bedenkt, mit wie viel Lernen und Stress das Erreichen der Hochschulreife verbunden ist. Aber wer kann sich das heutzutage leisten? Das ist nur etwas für Kinder aus reichen Familien.
Marie-Claire, 17, Neuruppin

24 Man kann den Schulunterricht gar nicht mit dem akademischen Wissenserwerb vergleichen. Wenn ein Erstsemestler erst 18 Jahre alt ist, dann hat er vielleicht genug Schulwissen angesammelt, aber er ist noch nicht reif genug, um eine Vorlesung zu verfolgen oder eine Klausur zu bestehen. Das Ergebnis: Er muss die Prüfungen wiederholen und verliert dadurch Zeit. Es wäre sinnvoller gewesen, er hätte sich von Anfang an ein wenig Zeit genommen, um etwas reifer und erfahrener zu werden.
Franziska, 56, Mannheim

25 Die deutschen Studenten sind im Durchschnitt älter als ihre Kommilitonen in Europa. Sie studieren oft auch länger als die übrigen Europäer. Das bringt für die Volkswirtschaft viele Nachteile mit sich und Deutschland muss dann junge Fachkräfte aus dem Ausland holen. Und dann noch ein Jahr Auszeit? Wo lebt ihr denn?
Benno, 59, Hoyerswerda

26 Dieser unmenschliche Leistungsdruck! Schneller, höher, weiter! Lernen, studieren, sich fortbilden, um dann von morgens bis abends zu arbeiten. Alles ohne Pause, denn nur die Karriere zählt. Alles andere wird verächtlich als Nichtstun abgetan. Und dabei leben wir nur einmal und vielleicht haben wir nur einmal die Chance, uns Zeit für uns selbst zu nehmen.
Ata, 26, Bottwar

Lesen Sie die Aufgaben 27 bis 30 und den Text dazu.
Wählen Sie bei jeder Aufgabe die richtige Lösung a, b oder c.

Sie informieren sich über die Hausordnung einer Berufsschule, in der Ihr Neffe angemeldet ist.

27 Wenn ein Berufsschüler geheiratet hat, muss er …

a das per Telefon der Berufsschule mitteilen und die Heiratsurkunde zuschicken.

b dem Standesamt eine Kopie des Ausbildungsvertrages vorlegen.

c im Sekretariat schriftlich Bescheid geben und eine Kopie der Heiratsurkunde beilegen.

28 Die Schüler/innen …

a brauchen den Müll nicht zu trennen.

b dürfen während des Unterrichts nicht die Fenster öffnen.

c müssen selbst für Sauberkeit und Ordnung sorgen.

29 Bei Krankheit muss …

a der/die Klassenlehrer/in informiert werden.

b entweder die Berufsschule oder der Ausbildungsbetrieb informiert werden.

c sowohl die Berufsschule als auch der Ausbildungsbetrieb informiert werden.

30 Das Rauchverbot gilt …

a für alle Schüler/innen im gesamten Schulgebäude.

b nicht für E-Zigaretten.

c nur für minderjährige Schüler/innen im gesamten Schulgebäude.

Berufsschule „Geschwister Scholl"
Hausordnung

1. Ordnung und Sauberkeit

Jede/r Schüler/in sorgt nach Unterrichtsende für Sauberkeit an seinem/ihrem Arbeitsplatz. Abfälle werden in die bereitgestellten Trennbehälter geworfen.

Die Tafeln müssen nach Unterrichtsende gereinigt, die Fenster geschlossen und die Lichter ausgeschaltet sein.

2. Schülerdaten

Folgende Änderungen von Daten sind unverzüglich in schriftlicher Form einschließlich einer Kopie des entsprechenden Dokumentes im Sekretariat zu melden:

- Beginn oder Auflösung eines Ausbildungsverhältnisses
- Austritt aus der Berufsschule
- Wechsel der Ausbildungsstätte
- Wohnsitzwechsel und Änderung des Familienstandes

3. Pünktlichkeit, Fehlstunden, Unfälle

Die Schüler/innen müssen spätestens **5 Minuten vor Unterrichtsbeginn** in den Unterrichtsräumen sein.

Kann ein/e Schüler/in wegen **Krankheit** nicht am Unterricht teilnehmen, verständigt er/sie sofort per Mail, FAX oder Telefon das jeweilige Sekretariat der Schule und des Ausbildungsbetriebes. Der/Die Klassenlehrer/in kann jederzeit eine ärztliche Bescheinigung verlangen. Erkrankt ein/e Schüler/in während des Unterrichts, muss er/sie eine Freistellung beantragen. **Unfälle**, die sich in der Schule oder auf dem Schulweg ereignen, müssen umgehend im Sekretariat gemeldet werden. Eine **Beurlaubung** vom Unterricht ist nur in Ausnahmefällen möglich. Dazu muss möglichst eine Woche vorher ein schriftlicher Antrag bei dem/der Klassenleiter/in gestellt werden. In der Regel muss der versäumte Unterricht nachgeholt werden.

4. Allgemeines

Es gibt im Schulgebäude und im Pausenhof sowohl für die minderjährigen als auch für die volljährigen Schüler/innen ein generelles **Rauch**- und **Alkoholverbot**. Dies gilt auch für E-Zigaretten. Verstoßen die Schüler/innen gegen dieses Verbot, ist ein Verweis die Folge. Elektronische Speichermedien wie **Mobiltelefone**, **Tablets**, **Uhren** usw. dürfen während des Unterrichts nicht benutzt werden. Sie müssen ausgeschaltet sein! Auch das Aufladen dieser Geräte ist nicht gestattet.

Dr. Albert Bethmann
Schulleiter

Technik

Kürzlich habe ich meine Kinder in der neuen Wohnung besucht und habe festgestellt, wie altmodisch ich inzwischen geworden bin. Zu Hause habe ich zwar nicht nur einen **Computer** mit **Internetanschluss**, sondern auch ein **Tablet**, an dem ich mit meinen Enkeln per **Skype** kommuniziere, und alle wichtigen Dokumente werden von einem **Scanner** erfasst und dann auf einem **USB-Stick** gespeichert. Aber ansonsten verwende ich eher traditionelle Geräte: **Kühlschrank, Wasserkocher, Kaffeemaschine, Waschmaschine, Herd** und **Thermometer.** Einen **Mikrowellenherd** brauche ich nicht. In meinem Wohnzimmer steht ein großes **Fernsehgerät** mit einem **HD-Bildschirm**, doch von einem **3D-Fernseher** halte ich nicht viel. In der Wohnung meiner Tochter sieht es ganz anders aus, denn die ganze Wohnung ist digitalisiert. Der Kühlschrank macht automatisierte Bestellvorschläge, der smarte **Staubsauger** sucht allein nach Staub und Schmutz. **Smart Home** heißt die neue Mode – alles digitalisiert. Wirklich alles? Na ja, im Keller meines Schwiegersohns befindet sich noch klassisches **Werkzeug**: **Hammer**, eine **Kettensäge** für den Garten und neben einem **Rasenmäher** hat meine Tochter noch die gute alte **Gartenschere** und einen **Besen**. Und das **Auto** meines Schwiegersohns sowie das **Motorrad** meines Enkels sind natürlich auch noch nicht digitalisiert.

1 **Zu welcher Kategorie gehören die fett gedruckten Nomen? Ordnen Sie zu. Ergänzen Sie auch die Artikel. Mehrfachnennungen sind möglich.**

elektrisch / elektronisch	mechanisch / manuell
der Computer, ...	die Kettensäge, ...

2 **Schülerinnen und Schüler aus Smolensk in Russland wollen demnächst ein Stuttgarter Gymnasium besuchen. Lesen Sie die Mail der Stuttgarter Gymnasiasten an ihre Austauschschüler in Smolensk. Welches Angebot der Messe passt zu welcher Person? Für eine Person gibt es kein passendes Angebot (0).**

Liebe Mitschülerinnen und Mitschüler
der Maxim-Gorki-Schule,

wir freuen uns sehr auf euren Besuch. Neben vielen anderen Seh-
enswürdigkeiten unserer Region möchten wir euch vor allem die
Stuttgarter Messe empfehlen. Ihr könnt hier im Rahmen der Ausstellungsreihe „Die
Messe rund um Modellbau und Elektronik" verschiedene Veranstaltungen besuchen,
die sich spannend anhören.
Fangen wir mit der **Gaming Area** an. Hier könnt ihr alles finden, was Gaming-Fans
begeistert: die neuesten Spiele für Spielkonsolen. Und das Besondere daran:
Durch die Virtual Reality-Brillen wird alles wie echt aussehen. Dann gibt es noch die
Faszination Fotografie. Natürlich kann man heutzutage alles mit dem Smartphone
fotografieren. Aber wer sich für wirklich ästhetische Fotos interessiert, der sollte diese
Ausstellung auf keinen Fall verpassen, denn außer den neuesten Kamera-Model-
len wird man auch die Möglichkeit haben, sich persönlich von Experten beraten zu
lassen. Vielleicht sind einige von euch auch Hobby-Tüftler und möchten erfahren, wie
man Computer-Programme selbst macht und wie Hardware und Software genau
funktionieren. Dann wäre wohl die Ausstellung **Maker Space** gerade das Richtige für
euch.
Wie wir alle wissen, ist Technik zwar etwas Spannendes, aber auch Kompliziertes. Deswegen machen wir euch auf die Veranstaltungsreihe **Lust auf Technik – verstehen,
erleben, mitmachen** aufmerksam. Hier wenden sich die Organisatoren an junge
Besucher, die Technik auf einfache und anschauliche Weise erleben wollen. Im Programm sind interaktive Exponate und spannende Workshops vorgesehen. Was meint
ihr? Schreibt uns bald.

Eure 12te

Beispiel:	
0 Aljoscha, der ein Fan von Computerspielen ist.	Veranstaltung: _Gaming Area_
1 Fjodor, der Schwierigkeiten mit der Technik hat.	Veranstaltung: _____
2 Tatjana, die sich für moderne Kunst interessiert.	Veranstaltung: _____
3 Vladimir, der deutsche Autos bewundert.	Veranstaltung: _____
4 Dimitrij, der Programmierer werden möchte.	Veranstaltung: _____

Wortschatz, Strukturen und Lesetraining

1 **Was ist Energie? Unterstreichen Sie im folgenden Text den richtigen Ausdruck bzw. die richtigen Ausdrücke.**

Man kann sagen, dass Energie überall in der **Wirkung / _Natur_** (0) vorhanden ist. Energie ist eine **Kraft / Gesellschaft** (1), die eine bestimmte **Sonne / Wirkung** (2) erzeugt. Sie ist zum Beispiel in der **Lampe / Batterie** (3) einer **Batterie / Lampe** (4) enthalten, die **Leben / Licht** (5) produziert.

Es gibt verschiedene Energiequellen. Die wichtigste für das Leben auf der Erde ist natürlich die **Sonne / Kraft** (6), die uns Wärme gibt und das **Essen / Wachsen** (7) von Pflanzen ermöglicht. Es gibt noch weitere natürliche Energiequellen: **Gas und Öl / Wasser und Wind** (8) sowie **Gas und Öl / Wasser und Wind** (9). Die beiden letzteren produzieren z.B. Wärme, wenn man sie verbrennt. Aber auch unsere moderne **Gesellschaft / Produktion** (10) ist von Energie abhängig. Wir brauchen sie, um unsere **Flugzeuge / Häuser** (11) zu wärmen, Autos und **Flugzeuge / Häuser** (12) in Bewegung zu bringen und um alle möglichen Produkte herzustellen.

2 **Materialien. Welche Beschreibung passt zu welchem Material?**

1 das Glas	_d_	a Dieses Material brauchen wir zur Herstellung von Kleidung, Gardinen und Bettwäsche.
2 das Gold	_____	b Man gewinnt es von den Bäumen und verwendet es als Brennmaterial oder baut daraus Möbel.
3 das Holz	_____	c Es kann gut Wärme und Elektrizität leiten. Ein Beispiel hierfür ist Aluminium.
4 der Kunststoff	_____	d Aus diesem Material werden Fensterscheiben gemacht und es kann leicht brechen.
5 das Leder	_____	e Es ist das Gegenteil von Naturprodukten; z.B. Plastik.
6 das Metall	_____	f Dieses Material wird aus der Haut von Tieren gewonnen. Daraus kann man z.B. Schuhe herstellen.
7 der Stoff	_____	g Dieses Metall glänzt meist rötlich-gelb und ist sehr teuer.

3 Adjektiv-Komposita

a Was passt? Ordnen Sie zu.

1	energie-	_h, i, j,_	a	-bar
2	funktions-	_____	b	-fähig
3	kabel-	_____	c	-frei
4	kosten-	_____	d	-feindlich
5	mach-	_____	e	-freundlich
6	schadstoff-	_____	f	-gerecht
7	strom-	_____	g	-günstig
8	umwelt-	_____	h	-intensiv
9	verantwortungs-	_____	i	-los
10	vertrauens-	_____	j	-sparend
			k	-voll

b Welche Adjektive aus 3a passen in die Lücken?
Ergänzen Sie die fehlenden Adjektive in der richtigen Form.

1 Ich bin in meinem Unternehmen für die Internet-Sicherheit zuständig.
   Es ist eine interessante, aber auch _____ Arbeit.

2 Wenn Sie nach Glühbirnen suchen, die weder unsere Umwelt noch Ihren Geldbeutel
   belasten, dann empfehlen wir Ihnen die LED-Lampen.
   Diese sind sowohl _____ als auch _____.

3 Sie wollen Ihren PC reparieren lassen?
   Er ist aber sehr alt. Ich weiß nicht, ob das _____ ist.

4 _____ Kopfhörer finde ich sehr praktisch.
   So kann man sich in der Wohnung frei bewegen und trotzdem Musik hören.

5 Die deutsche Autoindustrie ist besonders _____.
   Das bedeutet, dass der Energiebedarf der Bundesrepublik sehr hoch ist.

6 In dieser Saison sind _____ Handyhüllen aus Stoff oder Leder im Trend, die
   nicht nur sehr schick sind, sondern auch unserer Umwelt Gutes tun.

7 Wenn ich ein elektrisches oder elektronisches Gerät kaufe, achte ich immer darauf, dass es
   _____ ist.

Lesen Sie den Text und die Aufgaben 1 bis 6 dazu.
Wählen Sie: Sind die Aussagen *Richtig* oder *Falsch*?

DunjasTechnikBlog.ch

Technik, Sport, Autos – all das sind wohl Themen, welche man von einer Frau, die sich auch noch modisch kleidet, eher nicht erwartet. Aber es macht mir Spaß, in Blogs sowohl über Technik als auch über Beauty und Fashion zu schreiben. Ich bin viel unterwegs und so probiere ich immer wieder neue Technik-Apps und Gadgets aus. Ich liebe neue Trends und teste auch privat gerne neue Produkte, egal ob Technik oder Kosmetik. Auch als modebewusste Frau kann man programmieren. Einem sportlichen, gut gekleideten Mann traut man das ja auch zu. Warum dann nicht einer Frau? Als erste Frau wurde ich in einer Halbleiterfirma angestellt und bin mittlerweile bis zur Chefetage aufgestiegen. Jetzt denkt ihr sicher, dass ich dort als Sekretärin arbeite. Falsch! Ich bin die Leiterin der Programmierungsabteilung, denn ich habe meinen Abschluss an der TU Freiberg auf dem Gebiet der künstlichen Intelligenz gemacht. Ja, es gibt leider immer noch viel zu wenige Absolventen auf diesem Gebiet – nicht nur Frauen, sondern auch Männer. Und dabei sind die Jobaussichten im technischen Bereich sehr gut und ebenso die Verdienstmöglichkeiten: Eine Frau, die im IT-Qualitätsmanagement arbeitet, verdient im Laufe von 40 Berufsjahren ca. 900.000 Euro mehr als eine qualifizierte Grundschullehrerin. Aber wie bin ich zu einem Technikfreak geworden? Daran ist mein Großvater schuld. Er hat mir seinerzeit erlaubt, seine mechanischen Geräte auseinanderzunehmen, also aufzuschrauben und wieder zusammenzubauen. Natürlich hat er mir zu Beginn dabei geholfen. Und als ich später meinen ersten PC bekam, „lebte" der nicht länger als ein Jahr, denn ich war einfach zu neugierig darauf, wie solch ein Gerät von innen aussieht. Aber ihn wieder zusammenbauen, so dass er danach wieder funktionierte, das konnte ich damals noch nicht. Logisch!
Aber auch wenn man nicht von klein auf ein Technikfreak ist, kann man das Programmieren lernen. Und das gilt sowohl für Jungen als auch für Mädchen. Also ran an die IT-Studiengänge!

Beispiel:

0 Viele meinen, dass Frauen und Technik nicht zusammenpassen.

| ~~Richtig~~ | Falsch |

1 Dunja mag die Kombination aus Mode und Technik.

| Richtig | Falsch |

2 Dunja war vor ihrem Studium Sekretärin.

| Richtig | Falsch |

3 Dunja findet, dass vor allem Frauen auf dem Gebiet der künstlichen Intelligenz fehlen.

| Richtig | Falsch |

4 Im IT-Qualitätsmanagement kann eine Frau in 40 Jahren 900.000 Euro verdienen.

| Richtig | Falsch |

5 Durch ihren Großvater bekam Dunja praktische Erfahrungen mit technischen Geräten.

| Richtig | Falsch |

6 Wer sich als Kind nicht mit Technik beschäftigt, hat später kaum eine Chance Programmierer zu werden.

| Richtig | Falsch |

Lesen Sie den Text und die Aufgaben 7 bis 9 dazu.
Wählen Sie bei jeder Aufgabe die richtige Lösung a, b oder c.

Google, Amazon und Co.

Warum Firmen heißen, wie sie heißen

Wir alle kennen die Namen bekannter Firmen, denn sie begleiten uns auf Schritt und Tritt. Aber warum heißt *Google* eigentlich *Google* und woher kommt der Name *eBay*? Ein gewollter Schreibfehler führte angeblich zu dem Namen *Google*, denn schließlich korrigiert ja die bekannte Suchmaschine auch Orthografiefehler. Andere behaupten, der Fehler sei ein Versehen, das auf der amerikanischen Aussprache von *Googol* basiert, denn eigentlich müsste es *Googol* heißen. Dieser Begriff steht für die Zahl 10^{100}. Das heißt, ein *Googol* steht für eine Eins mit hundert Nullen.

Einig ist man sich jedoch, dass die Gründer von *Google* damit die Informationsmenge symbolisieren wollten, die ihre Suchmaschine den Nutzern zur Verfügung stellt.

Aber da gibt es ja auch noch andere interessante Namen wie *Amazon*, *eBay*, *Adobe* und *Yahoo*. Der Begründer von *Amazon* fand, dass der Name des größten Flusses der Erde, des Amazonas, wunderbar zu dem Potential eines Online-Buchgeschäftes passt. Und hat *eBay* etwas mit einer Küste oder einer Bucht zu tun? Natürlich nicht: Pierre Omidyar, dessen ursprüngliche Firma *Echo Bay Technology Group* hieß und der als Gründer von *eBay* gilt, entschloss sich für den Namen *eBay*, da die Webseite *EchoBay. com* schon von einer anderen Firma besetzt war. Und *Adobe*? Hier ist die Erklärung ganz einfach: *Adobe* ist der Name eines Flusses, an dem die Begründer von *Adobe* großgeworden sind.

Wer den Roman *Gullivers Reisen* aufmerksam gelesen hat, wird sich noch an die unsympathischen Tiere erinnern, die *Yahoo* hießen. Hier haben sich die Begründer der Firma *Yahoo* einen Scherz erlaubt, denn sie identifizierten sich witzigerweise mit diesen merkwürdigen Lebewesen.

Beispiel:

0 Amazon hat seinen Namen von …

[x] dem Fluss *Amazonas*.

[b] einem bekannten Buchgeschäft.

[c] einer Küste.

7 In diesem Text geht es um die …

[a] Herkunft verschiedener Firmennamen.

[b] Namen bestimmter Webseiten.

[c] Namen der Begründer einiger Firmen.

8 Es ist sicher, dass der Name Google …

[a] absichtlich falsch geschrieben wurde.

[b] durch einen Orthografiefehler entstanden ist.

[c] für die Datenmenge steht, die die Suchmaschine anbietet.

9 Der Firmenname Yahoo kommt von …

[a] dem Namen eines Romanautors.

[b] einem witzigen Begründer der Firma.

[c] unangenehmen Figuren eines Romans.

Lesen Sie den Text und die Aufgaben 10 bis 12 dazu.
Wählen Sie bei jeder Aufgabe die richtige Lösung a, b oder c.

Kopfhörerparty

**Dröhnende Diskomusik über
Lautsprecherboxen? Das war gestern!**

Kommt man als Neuling zum ersten Mal auf
eine *Kopfhörerparty*, bleibt man zunächst einmal
erstaunt stehen: Man sieht zwar zwei DJs, hört
aber keine Musik, und dennoch bewegen sich auf
der Tanzfläche Menschen zu unterschiedlichen
Rhythmen. Jeder der Tanzenden trägt einen Funk-
Kopfhörer, den er oder sie am Eingang der Disco
erhalten hat.

Die sogenannten *Stillen Diskos* oder eben auch
Kopfhörerpartys sind schon einige Jahre in
Deutschland beliebt. Hier wetteifern in der Regel
zwei DJs um das Publikum, denn jeder der DJs spielt
eine andere Musik; der eine vielleicht Techno und
der andere möglicherweise Hiphop. Mithilfe eines
Knopfes an ihren kabellosen Kopfhörern können
die Besucher von einem DJ-Kanal auf den anderen
schalten und sich für „ihre" Musik entscheiden. Auch
die Lautstärke können sie regulieren. Anhand der Rhythmusbewegungen erkennt man dann, wer die gleiche
Musik hört und lächelt oder nickt sich eventuell zu. Findet man den Partner oder die Partnerin interessant,
geht man aufeinander zu, setzt die Kopfhörer ab und beginnt ein Gespräch – etwas, was bei lauter Diskomusik
fast unmöglich ist.

Vor dem Besuch einer *Stillen Disko* sollte man aber die Kommunikationsregeln kennen: Man kann jederzeit
entscheiden, ob man tanzen oder reden will. Den Kopfhörer auf den Schultern heißt: „Ich möchte dir etwas
sagen." Beide Hände am aufgesetzten Kopfhörer bedeutet: „Lass mich in Ruhe!" Und ein abgenommener
Kopfhörer in der Hand signalisiert: „Komm, wir gehen etwas trinken!"

---

10   In diesem Text geht es um …

a	eine neue Art von Diskothek.
b	einen neuen Rhythmus.
c	moderne Kopfhörer.

11   Auf Kopfhörerpartys …

a	gibt es bestimmte Gewohnheiten.
b	hören alle die gleiche Musik.
c	ist die Verständigung schwierig.

12   Die Kopfhörer …

a	dienen auch zur Kommunikation.
b	muss man selbst mitbringen.
c	trägt man beim Tanzen auf den Schultern.

Lesen Sie die Situationen 13 bis 19 und die Anzeigen a bis j aus verschiedenen deutschsprachigen Medien.
Wählen Sie: Welche Anzeige passt zu welcher Situation?
Sie können jede Anzeige nur einmal verwenden. Die Anzeige aus dem Beispiel können Sie nicht mehr verwenden. Für eine Situation gibt es keine passende Anzeige. In diesem Fall schreiben Sie 0.

Im Internet suchen folgende Personen Informationen zum Thema Technik.

Beispiel:

0 Marvin möchte seinen Wagen zur Autowäsche bringen. Anzeige: _b_

13 Jens möchte sich als Azubi in der Automobil-Industrie bewerben. Anzeige: _____

14 Gudrun braucht passende Autoreifen für den kommenden Winter. Anzeige: _____

15 Jasmin interessiert sich für die Entwicklung von Software, hat aber keine professionellen Kenntnisse. Anzeige: _____

16 Jackie ist umgezogen und braucht einen neuen Kühlschrank. Anzeige: _____

17 Claus möchte ein neues Auto kaufen. Anzeige: _____

18 Carla möchte ihre alte Waschmaschine entsorgen. Anzeige: _____

19 Theo besichtigt gern alte Industrieanlagen. Anzeige: _____

Wohin mit dem alten Kram?
Na zu uns natürlich!
Wir nehmen:
- gebrauchte Fernsehgeräte
- alte PCs und Zubehör
- alle Haushaltsgeräte
Wir garantieren eine umweltfreundliche Verwertung:
www.ollerkrust.de

So glänzend war Ihr Fahrzeug nicht einmal im Autosalon!

- schonende Handwäsche Ihres Wagens
- nur ausgesuchte Reinigungsmittel

Bei uns finden Sie mehr als nur Autowäsche – nämlich eine richtige, sachkundige Autopflege.
www.facebook.com-autopflege.salzburg.at

c

Die Fach-Messe rund ums Haus erwartet Sie!

Bei uns können Sie die neuesten Modelle
von Haushaltsgeräten sehen,
bevor sie auf den Markt kommen.
Wenn Sie das Angebot in Ihrem Geschäft
modernisieren möchten,
dann besorgen Sie sich heute noch Ihren
Messeausweis.
Mehr Infos unter:
www.messe-rundumshaus.de

d

Industrie früher

Möchten Sie erfahren,
wie das Leben der Bergleute
früher ausgesehen hat?
Dann besuchen Sie doch
das **Deutsche Bergbau
Museum**
in Bochum
oder buchen Sie eine **Führung
durch alte Bergwerke**.

e

**Sie sind kreativ, lieben virtuelle
Welten,
haben tolle Ideen, aber Angst,
selbst zu programmieren?**

**Hier erfahren Sie, wie Sie
Programme
selbst erstellen können,
und zwar ohne tiefe
Programmierkenntnisse.**
www.Design-it-yourself.de

f

**Sind Autos deine Leidenschaft?
Hast du schon immer davon
geträumt,
Autos zu entwerfen**
Wenn du noch Schüler bist und
dich auf die Fahrzeugtechnik
spezialisieren möchtest,
dann melde dich bei uns.
Wir bieten dir einen aussichtsreichen
Ausbildungsplatz
in einem weltbekannten
Autounternehmen.
www.autoberufsboerse.de

g

Komfort und Sicherheit

Reifen aller Marken und aller
Größen
für alle Jahreszeiten!
Komfortable
Zahlungsmöglichkeiten
für jeden Geldbeutel:
www.AutoSicherGeniesen.de

h

Die verrücktesten Software-Ideen aller Zeiten!

Sie leiten ein mittelständisches
Unternehmen und
suchen nach einer attraktiven
Website-Idee?
Wir erstellen für Sie die
Website ganz nach Ihrem
persönlichen Profil!
www.crazywebdesign.ch

i

**Studiengänge mit
Schwerpunkt
Automobil**

An welchen Hochschulen
kann man
Fahrzeugtechnik,
Kraftfahrwesen
oder ***Automobildesign***
studieren?
Hier finden Sie
eine Zusammenstellung
der Studiengänge
mit dem Schwerpunkt
Automobil.
www.studiengangauto.de

j

**MEDIEN-MARKT
präsentiert die besten Angebote für Sie**

- Haushaltsgeräte für Küche und Bad
- die neusten Radio- und Fernsehgeräte
- PCs, Tablets, Laptops und Smartphones
- große Auswahl an CDs und DVDs

Ganz neu in unserem Angebot:
3D-Fernseher zu fantastischen Preisen!
Zögern Sie nicht lange!

Ihr Medien-Markt

9

Lesen Sie die Texte 20 bis 26. Wählen Sie: Ist die Person für den Internetführerschein?

In einem Internetforum lesen Sie Kommentare zum Thema „Neue Lernsoftware für Schulen: der Internetführerschein".

Beispiel:

0	**Carola**	☒ Ja	Nein		**23**	**Holger**	Ja	Nein
20	**Rolf**	Ja	Nein		**24**	**Claus**	Ja	Nein
21	**Karin**	Ja	Nein		**25**	**Barbara**	Ja	Nein
22	**Dana**	Ja	Nein		**26**	**Miroslav**	Ja	Nein

Beispiel:

0 Außer Lesen, Rechnen und Schreiben müssen die Kinder wissen, wie man sicher und zielgerichtet mit Medien umgeht. Das gehört heutzutage zum Grundwissen. Dazu kann diese neue Lernsoftware beitragen und dann haben Kriminelle kaum eine Chance!
Carola, 36, Mainz

20 Der Internet-Führerschein macht Schülerinnen und Schüler für das Internet fit. Wenn sie diesen Schein besitzen, wissen sie, welche Seiten gefährlich sind, wie man sich im Internet richtig verhält und wie man die richtigen Seiten für Recherchen findet. Bevor sie den Schein bekommen, lernen sie spielerisch, worauf sie bei sozialen Netzwerken und Suchmaschinen achten sollen. Das finde ich absolut sinnvoll.
Rolf, 66, Kaiserslautern

21 Verfassen und Senden von E-Mails, die Beachtung von Sicherheitsregeln, das Aufrufen von Internetseiten, Bilder und Texte finden – das kann doch heute wirklich jedes Kind. Das lernt man nebenbei in der Schule oder vom besten Freund. Da braucht man doch nicht auch noch so einen Führerschein.
Karin, 55, Bad Kreuznach

22 Erfahrungen aus der Unterrichtspraxis zeigen, dass Kinder schon ab der zweiten Klasse sehr kompetent mit dem Internet umgehen können. Leider gibt es aber immer noch sehr viele Grundschulen, die gar kein Internet haben. Wie soll also das Internet in den Grundschulunterricht integriert werden? Außerdem steht in Deutschland nicht jedem Schüler ein PC oder Tablet zur Verfügung und die mediale Ausstattung der Schulen ist oft veraltet. Der Internetführerschein als Lernmethode kann auf diese Weise gar nicht richtig zur Geltung kommen.
Dana, 27, Speyer

23 Die Ausbildung am Computer ist immer noch sehr stark vom Engagement einzelner Lehrkräfte abhängig. Hat der Lehrer vielleicht selbst Angst vor den Medien und greift auf traditionelle Lehrmittel zurück, dann nützt auch die beste Software nichts, dann ist auch so ein Internetführerschein sinnlos.
Holger, 21, Worms

24 Der Internetführerschein ist ja nicht nur in Deutschland bekannt. Es gibt ihn auch in anderen Ländern. Also scheint er auf dem Vormarsch zu sein. Nach anfänglichen Schwierigkeiten wie einem langsamen Internet oder fehlenden Lehrmitteln (Computer usw.) wird man diese Software bald an allen Schulen finden. Der Vorteil liegt auf der Hand.
Claus, 41, Hassloch

25 Ich als Schülerin kann dazu Folgendes sagen: Wenn ich eine Recherche im Unterricht machen soll, dann bekomme ich doch vom Lehrer schon bestimmte Internetseiten empfohlen. Und im Informatik-Unterricht lernen wir ja sowieso vieles über Sicherheit im Netz.
Barbara, 13, Andernach

26 Auch im Internet kann man jemanden seelisch stark verletzen. Ein passendes Beispiel hierfür ist Cybermobbing. Daher ist für mich das entscheidende Argument für die Einführung eines Internetführerscheins die Möglichkeit, Cybermobbing zu verhindern oder zumindest einzuschränken. Die Nutzer sollten wissen, wie Cybermobbing entsteht und welche Folgen es haben kann. Außerdem lernt man, wie man sich verhalten soll, wenn man Opfer oder Zeuge von Cybermobbing wird.
Miroslav, 17, Bingen am Rhein

Arbeitszeit 10 Minuten

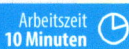

Lesen Sie die Aufgaben 27 bis 30 und den Text dazu. Wählen Sie bei jeder Aufgabe die richtige Lösung a, b oder c.

Sie lesen in einer Zeitschrift folgende Sicherheitstipps für Ihr Handy.

27 Sicherheitscodes …

- a schützen das Handy am besten.
- b sind nicht so sicher wie z.B. Gesichtserkennung.
- c sollten durch andere Sperren ersetzt werden.

28 Wenn man das Handy verliert, …

- a findet man es in jedem Fall über das Internet wieder.
- b kann man die Suchfunktion auch noch nach dem Verlust aktivieren.
- c kann man persönliche Daten online löschen.

29 Clouds …

- a automatisieren die Backup-Funktion.
- b bieten oft kostenlosen Speicherplatz.
- c sind eine gute Möglichkeit, Daten zu sichern.

30 WLAN-Verbindungen …

- a kann man bedenkenlos für Online-Banking nutzen.
- b können ein Sicherheitsrisiko sein.
- c sollten nur über VPN genutzt werden.

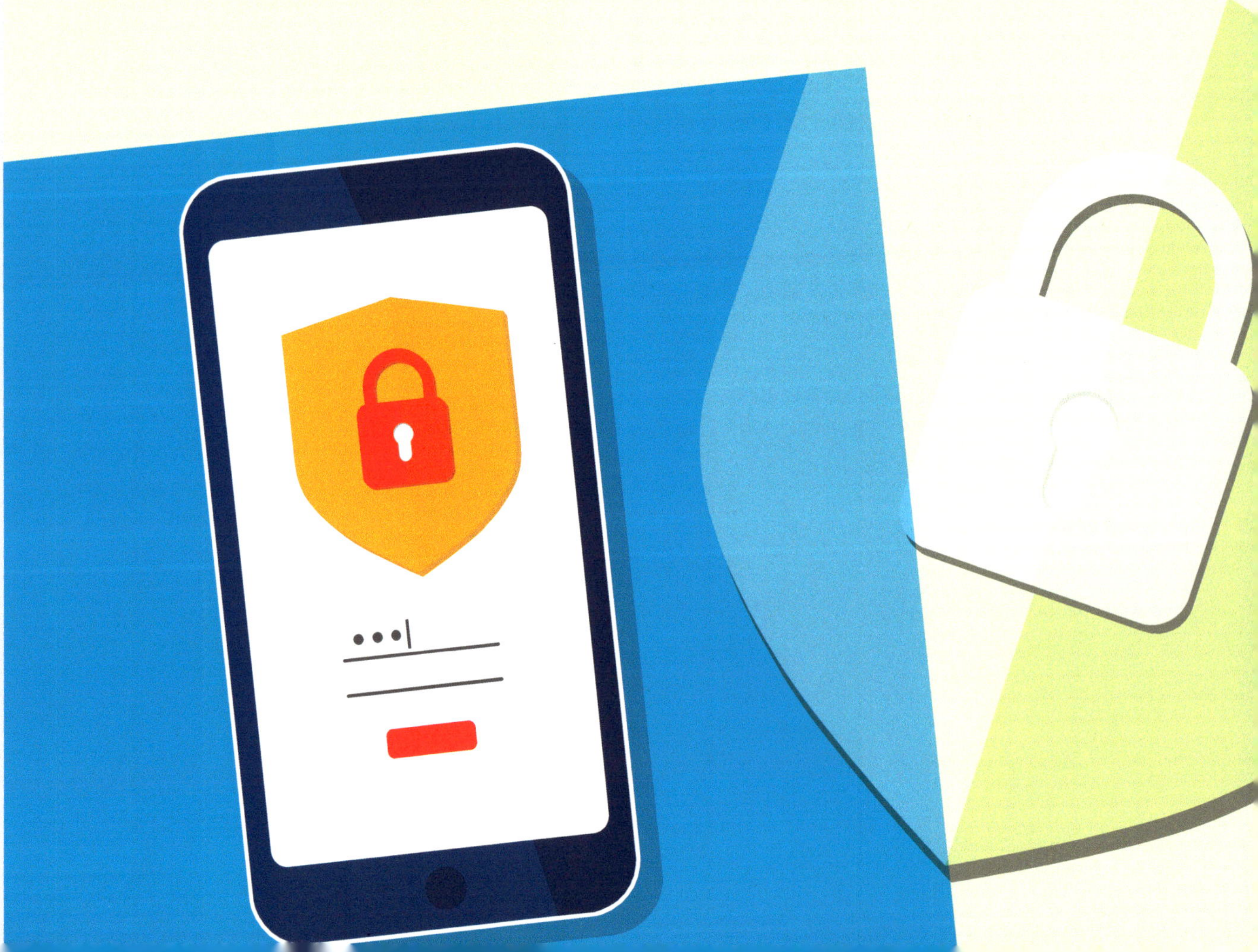

Tipps zur Smartphone-Sicherheit

Egal ob Android-Smartphone oder iPhone: Mit diesen Tipps machen Sie Ihr Handy sicherer:

1 Gerät sperren: Mit einer Code-Sperre lassen sich alle Handys gegen unbefugten Zugriff schützen. Deshalb ist die Einrichtung einer solchen Sperre eine der wichtigsten Regeln für die Smartphone-Sicherheit. Immer mehr Geräte können auch mithilfe eines Fingerabdrucks oder Gesichtserkennung entsperrt werden. Das ist viel bequemer, aber auch weniger sicher als die Code-Sperre.

2 Daten verschlüsseln: Auch wenn Sie Ihr Handy mit einem Sicherheitscode geschützt haben: Es gibt viele Kriminelle, die trotzdem Ihr Handy hacken können. Deshalb sollten Sie Ihre Daten verschlüsseln. Aktivieren Sie diese Funktion am besten, wenn Sie Ihr Gerät einige Stunden nicht benötigen, denn dieser Prozess kann etwas länger dauern.

3 Suchfunktion aktivieren: Ihr Smartphone erkennt fast immer seinen Aufenthaltsort. So können Sie es auch bei Verlust oder Diebstahl online finden. Sie können auch Ihre Daten auf dem Handy aus der Ferne löschen. Aber nur, wenn Sie die Suchfunktion schon vor dem Verlust Ihres Handys aktiviert haben.

4 Daten speichern: Sie sollten Ihre Daten an einem sicheren Ort speichern, am besten auf einer Cloud. So gehen Ihre Daten nicht mehr verloren. Einige Handyhersteller bieten kostenlosen Speicherplatz auf einer Cloud an. Eine gute Idee ist es, die Backup-Funktion zu automatisieren. Dann brauchen Sie sich nicht mehr um die Datensicherung zu kümmern.

5 Auf Quellen achten: Installieren Sie ausschließlich Apps und Spiele aus vertrauenswürdigen Quellen wie Google Play und Apple AppStore. Dann ist das Risiko wesentlich geringer, sich Viren einzufangen.

6 Sensible Daten schützen: Vorsicht bei der Nutzung fremder WLAN-Verbindungen. Hier können sensible Daten gestohlen werden. Online-Banking oder Buchungen mit Kredit- oder Paypal-Karten sollten nur über ein virtuelles privates Netzwerk (VPN) vorgenommen werden.

Gesellschaft

Viele behaupten, **Demokratie** ist das, was die **Mehrheit** beschließt. Aber das trifft nur teilweise zu. Ich glaube, zu einer wirklich demokratischen **Gesellschaft** gehört noch viel mehr, zum Beispiel die **Menschenrechte,** die für alle gelten, also auch für die Mitglieder einer **Minderheit.** Demokratie- das bedeutet für mich, dass alle Menschen in einem Land so etwas wie eine **Heimat** für sich finden können. Und da sollte es keine Rolle spielen, welches **Geschlecht**, welche **Hautfarbe** oder welche **Herkunft** sie haben. Was zählt, ist das friedliche Miteinander von Menschen, die unterschiedlich denken und glauben. Deswegen muss auch die **Meinungsfreiheit** garantiert sein, damit sich die Menschen frei fühlen und ohne Angst das sagen, was sie denken. Natürlich gibt es in einer Demokratie auch Meinungsverschiedenheiten und **Konflikte**, denn wir sind Menschen und haben verschiedene Interessen. Aber sie müssen unbedingt ohne **Gewalt** gelöst werden.

1 **Welche Begriffe aus dem Text passen zu den Beschreibungen? Ergänzen Sie.**

1 Da fühle ich mich zu Hause, hier ist meine *Heimat.* _____ .

2 Mein Vater ist Deutscher, meine Mutter kommt aus Marokko. Ich bin also deutscher und marokkanischer _____ .

3 Wenn Menschen egoistisch sind, dann entstehen viele _____ .

4 Wenn eine Partei die Wahlen gewinnen will, braucht sie im Parlament eine _____ .

5 Leben, Gesundheit und Bildung sind _____ .

6 Ob Mann oder Frau, das _____ soll am Arbeitsplatz keine Rolle spielen.

7 Leider werden heute immer noch Menschen wegen ihrer _____ diskriminiert.

8 Ich darf meine Gedanken frei aussprechen: _____ .

9 Eine kleine Sprachgruppe in einem Land heißt auch ethnische _____ .

10 In diesem politischen System kommen die Regierenden durch Wahlen an die Macht:_____ .

11 Kriege und _____ haben der Menschheit noch nie etwas Gutes gebracht.

12 Es gibt immer mehr ältere Personen in Deutschland. Die deutsche _____ wird immer älter.

2 **Lesen Sie den Text und die Aufgaben 1 bis 4 dazu. Wählen Sie bei jeder Aufgabe die richtige Lösung a, b oder c.**

Die EU[1]: Ein (immer noch) junger Traum für den alten Kontinent

Nie wieder Krieg und Zerstörung: Das war 1945 die Grundidee nach dem Zweiten Weltkrieg, der so viel Leid über Europa gebracht hatte. Die Europäer wollten von nun an aus der Geschichte lernen und den Frieden dauerhaft sichern. Um dieses Ziel zu erreichen, sollten die europäischen Staaten in einer Union vereinigt werden. Keine leichte Aufgabe, wie sich herausstellen sollte, denn der europäische Einigungsprozess dauert nun über ein halbes Jahrhundert und ist noch lange nicht abgeschlossen. Doch es wurden wichtige Fortschritte erzielt: Wir haben innerhalb der Europäischen Union keine Grenzen mehr und in den meisten Staaten eine gemeinsame Währung: den Euro. Damit die EU ein stabiles und erfolgreiches Projekt werden konnte, geschah der Einigungsprozess in mehreren Stufen. Am Anfang stand der Vertrag zur Europäischen Union für Kohle und Stahl (1951). Später wurde auf der Konferenz von Messina (1955) eine weitgehende Zusammenarbeit in den Bereichen Wirtschaft und Handel beschlossen. Danach entwickelte sich die Wirtschaftsgemeinschaft immer mehr zu einer politischen Union mit einem gemeinsamen Markt, aber auch mit einer gemeinsamen Sozial-, Umwelt- und Bildungspolitik. Ursprünglich zählte die Gemeinschaft nur sechs Staaten: Frankreich, Deutschland, Italien und die Benelux-Länder (Belgien, Niederlande, Luxemburg). Heute besteht die Union aus über 25 Ländern und wird wahrscheinlich noch weiter wachsen.

[1] EU: Europäische Union

1	**Der europäische Einigungsprozess begann, um …**	a	die Produktion von Stahl und Kohle zu sichern.
		b	die gewaltsamen Konflikte in Europa für immer zu beenden.
		c	Europa nach dem Krieg wieder aufzubauen.

2	**Die Aufgaben der EU …**	a	betreffen hauptsächlich die Wirtschaft.
		b	sind noch nicht eindeutig geregelt.
		c	umfassen mehrere Gebiete.

Wortschatz, Strukturen und Lesetraining

1 **Nomen und Verben. Finden Sie jeweils das passende Nomen zu den Verben.**

1	ablehnen	*die Ablehnung*	7	streiken	_____
2	abstimmen	_____	8	versammeln	_____
3	kritisieren	_____	9	vertrauen	_____
4	raten	_____	10	vertreten	_____
5	reden	_____	11	wählen	_____
6	regieren	_____	12	zustimmen	_____

2 **Unterstreichen Sie im folgenden Text jeweils den richtigen Ausdruck.**

Der Deutsche Bundestag

Viele Touristen, die nach Berlin kommen, besuchen auch den deutschen Bundestag und sind von dem ehemaligen Reichstagsgebäude sehr beeindruckt. Was ist aber der Bundestag?

Der Bundestag ist das deutsche Parlament, also eine **Kritik / Versammlung** (1) von Menschen, die von den Deutschen durch freie und demokratische **Reden / Wahlen** (2) bestimmt wurden. Sie sollen sich um die Interessen der Wähler und Wählerinnen kümmern, sind also ihre **Vertreter / Wahlen** (3). Diese Politiker treffen sich mit den Wählern und präsentieren ihnen ihre Meinung und ihr Programm, um das **Vertrauen / Regierung** (4) der Wähler zu gewinnen. Im Bundestag gibt es zwei Gruppen: die Regierungsparteien und die Opposition. Die Regierungsparteien unterstützen normalerweise die Arbeit der Kanzlerin oder des Kanzlers, also der deutschen **Regierung / Zustimmung** (5).

Die Oppositionsparteien sind so etwas wie Gegner der Regierung und üben oft scharfe **Abstimmung / Kritik** (6) an ihrer Arbeit. Im Bundestag wird vor allem über Gesetze und Ziele der Politik diskutiert.

3 **Bilden Sie Komposita mit den Wörtern aus den beiden Kästen. Mehrfachnennungen sind möglich.**

> -befragung | -freund | -handel | -leben | -meister | -menge |
> -pflicht | -protest | -recht | -vertretung

Bürger-	Mensch(en)-
die Bürgerbefragung	*der Menschenfreund*

4 **Das politische Leben. Ergänzen Sie die Lücken mit den Ausdrücken aus dem Kasten in der richtigen Form.**

> (der/die) Abgeordnete | gesellschaftlich | (die) Gewerkschaft |
> (die) Hilfsorganisation | (der) Kandidat / (die) Kandidatin | (die) Partei |
> (der) Bundespräsident | (der) Verein | wahlberechtigt | (die) Wahlpflicht

1   Jemand, der kandidiert, ist ein / eine _____.

2   Alle Bürger der BRD dürfen ab 18 wählen, das heißt, sie sind _____.

3   Niemand ist in der BRD verpflichtet zu wählen. Es besteht in Deutschland keine
_____.

4   Das Staatsoberhaupt Deutschlands ist der _____.

5   Eine Organisation, die sich für die Rechte der Arbeitnehmer einsetzt, heißt
_____.

6   Eine _____ ist eine Gruppe von Menschen, die die gleichen oder
ähnliche politischen Meinungen haben.

7   Eine Organisation, die Menschen in Not hilft, heißt _____.

8   Ein/e Politiker/in, der/die ins Parlament gewählt wurde, ist ein/eine _____.

9   Nicht alle Politiker kümmern sich wirklich um die _____ Probleme.

10 Viele Bundesbürger sind Mitglied in einem Sport-, Gesangs- oder Wander_____.

Lesen Sie den Text und die Aufgaben 1 bis 6 dazu.
Wählen Sie: Sind die Aussagen *Richtig* oder *Falsch*?

Hallo Wojtek!

In deiner letzten E-Mail hattest du mir von deinen Erfahrungen im deutsch-polnischen Grenzgebiet erzählt und ich muss sagen, dass Vieles dem gleicht, was hier im deutsch-französischen Grenzgebiet geschieht, genauer gesagt im Saarland. Wenn ich beispielsweise in Berlin oder München bin und dort sage, dass ich aus dem Saarland komme, dann folgt sofort die nächste Frage: „Wieso sprichst du akzentfrei Deutsch? Habt ihr dort nicht einen französischen Akzent?" oder „Sind deine Eltern Franzosen?" Das Klischee vom saarländischen Franzosen geht mir langsam auf die Nerven. Ob die Franzosen an der saarländischen Grenze wohl ähnliche Probleme haben? Keine Ahnung … Aber ich lebe gerne hier und wir haben ausgezeichnete Beziehungen zu den Jugendlichen unseres Nachbarlandes. Leider war das nicht immer so. Meine Großmutter, Jahrgang 1937, war einige Zeit deutsche Staatsbürgerin und danach wieder französische, weil das Saarland zeitweise zu Deutschland gehörte und zeitweise zu Frankreich. Für kurze Zeit war das Saarland sogar mal unabhängig.

Ich genieße das Leben hier. Von meinem Zimmer aus kann ich nach Frankreich schauen, aber wo genau Deutschland aufhört und wo Frankreich beginnt, kann man heute nicht mehr sehen, denn eine markierte Grenzlinie gibt es schon lange nicht mehr. Am Wochenende fahre ich gerne mit meinen Freundinnen nach Frankreich, um dort zu frühstücken: Baguettes und Croissants natürlich!

Oft trifft man auf der französischen Seite mehr Deutsche als Franzosen. Aber auch die Franzosen kommen nach Saarbrücken, der Hauptstadt des Saarlandes, um hier einzukaufen oder zu arbeiten. Die Kommunikation klappt heutzutage gut, denn seit den 70er Jahren finden vermehrt gemeinsame Projekte auf den Gebieten der Kunst, Kultur und Bildung statt. Um einen frühen Kontakt mit der Sprache unseres Nachbarlandes zu fördern, soll die Hälfte aller saarländischen Kitas[1] in Zukunft von französischen Fachkräften unterstützt werden. Ich selbst lernte bereits als Kindergartenkind Französisch und meine ersten Kinderlieder waren nicht auf Deutsch, sondern auf Französisch. Ich finde, genau wie du, die Förderung der Zweisprachigkeit in Grenzgebieten ungemein wichtig.

Lieber Wojtek, ich hoffe, dir mit meiner E-Mail geholfen zu haben. Solltest du noch mehr Informationen für deinen Vortrag brauchen, dann melde dich einfach. Ich freue mich schon auf unser Wiedersehen in Hannover! Bis bald!

Franziska

[1] *Kita: Kindertagesstätten*

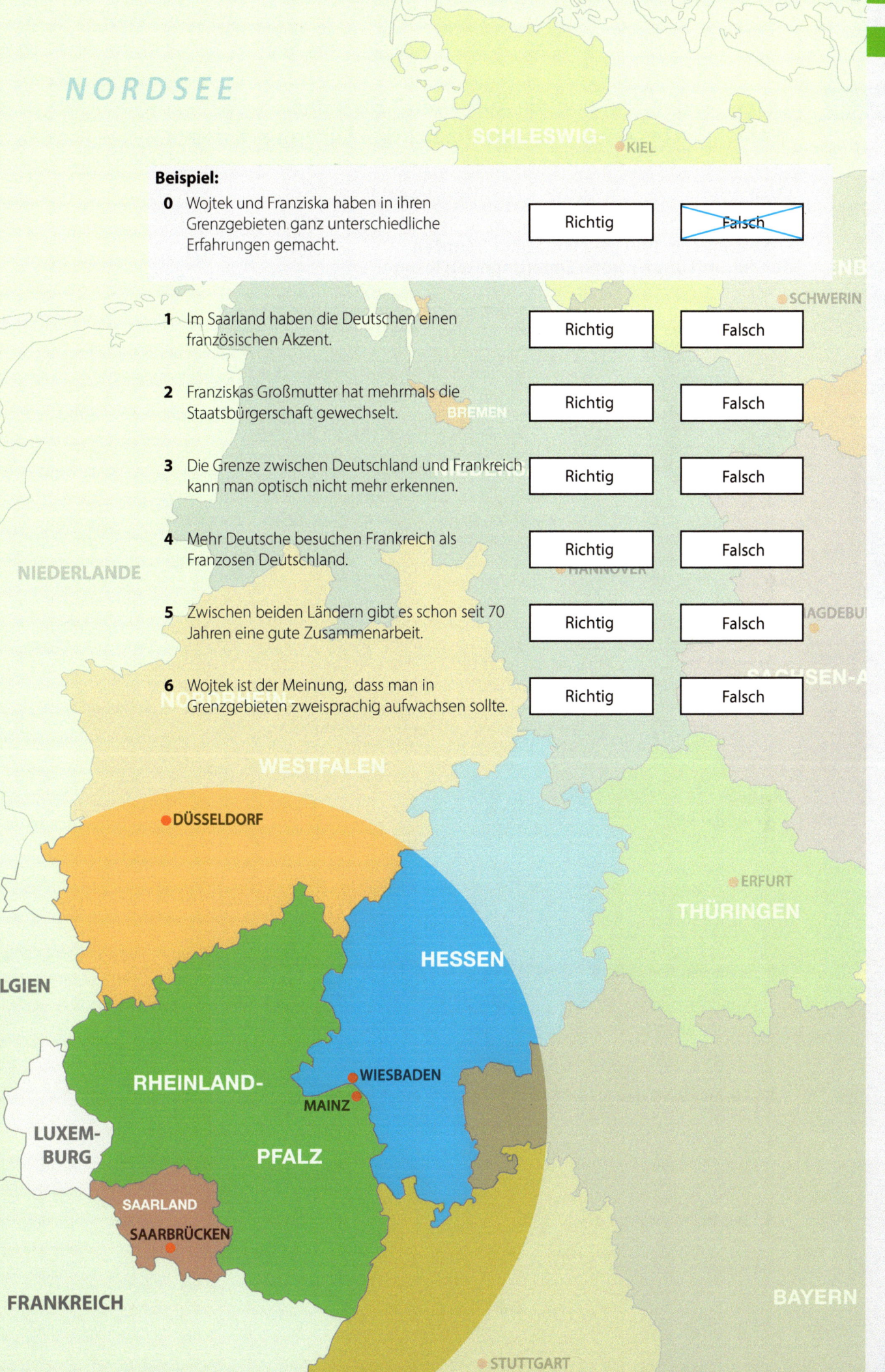

Beispiel:

0 Wojtek und Franziska haben in ihren Grenzgebieten ganz unterschiedliche Erfahrungen gemacht.

Richtig   ~~Falsch~~

1 Im Saarland haben die Deutschen einen französischen Akzent.

Richtig   Falsch

2 Franziskas Großmutter hat mehrmals die Staatsbürgerschaft gewechselt.

Richtig   Falsch

3 Die Grenze zwischen Deutschland und Frankreich kann man optisch nicht mehr erkennen.

Richtig   Falsch

4 Mehr Deutsche besuchen Frankreich als Franzosen Deutschland.

Richtig   Falsch

5 Zwischen beiden Ländern gibt es schon seit 70 Jahren eine gute Zusammenarbeit.

Richtig   Falsch

6 Wojtek ist der Meinung, dass man in Grenzgebieten zweisprachig aufwachsen sollte.

Richtig   Falsch

Lesen Sie den Text und die Aufgaben 7 bis 9 dazu.
Wählen Sie bei jeder Aufgabe die richtige Lösung a, b oder c.

Wenn der Zufall kein Zufall mehr ist

**IT-Spezialisten und Mathematiker könnten
die Zukunft aus riesigen Datenmengen lesen**

Alles wird heutzutage gespeichert: Im Jahre 2013 wurden fast viereinhalb Milliarden Terrabyte an Daten produziert. Das sind so viele Daten wie in der gesamten Menschheitsgeschichte zuvor. Und täglich kommen neue hinzu. Dabei sind wir meist selbst die Produzenten dieser Informationen, denn über Smartphones, Laptops und andere elektronische Systeme stellen wir unsere Daten zur Verfügung. Wissenschaftler analysieren diese Daten und versuchen so, die Zukunft zu berechnen. Doch wen interessieren diese Informationen? Wer investiert in diese unglaublich teuren Programme? Wo liegt der Nutzen?
Nicht nur die Industrie profitiert von diesen Daten, sondern auch die Wissenschaft: Je genauer die Informationen sind, desto eher lassen sich Gewinne maximieren, Epidemien vermeiden, Risiken minimieren und Konflikte vorhersagen. So gibt es in den USA ein Programm, das Verbrechen vorhersagt, bevor sie geschehen, das heißt es sagt mit Hilfe von Algorithmen die Zeit und den Ort zukünftiger Verbrechen vorher. Durch dieses Programm soll es in Zukunft weniger Verbrechen geben. In der Schweiz will eine Forschungsgruppe der Technischen Hochschule Zürich Epidemien wirksam bekämpfen, indem sie die Flugdaten von Passagieren auswertet, denn heutzutage werden Epidemien vor allem durch Flugpassagiere verbreitet. Aber auch Krankheiten wie Diabetes kann man schon bald mithilfe von Algorithmen vorhersagen: Mithilfe der Informationen, die die Nutzer ins Netz stellen oder der Suchanfragen, die sie eingeben, wird es möglich sein, vorherzusagen, ob jemand an einer bestimmten Krankheit erkranken wird oder nicht. Es gibt auch Unternehmen, die sich mit der Vorhersage von Kriegen, Unruhen und Revolutionen beschäftigen – auch wieder mithilfe unserer Daten. Die besten Kunden sind Unternehmen, Regierungen und Geheimdienste.
Die Frage ist: Wollen wir so eine Zukunft? Wollen wir eine Gesellschaft, die von Algorithmen kontrolliert wird? Trotz aller Vorteile einer digitalisierten Welt: Die Risiken und Nebenwirkungen tragen wir alle.

Beispiel:

0 In Zukunft …

☒ a könnte unsere Gesellschaft von Algorithmen kontrolliert werden.

☐ b könnten Kriege verhindert werden.

☐ c könnten Risiken und Nebenwirkungen vorhergesagt werden.

7 In diesem Text geht es darum, dass man mit Daten …

☐ a bei Vorhersagen vorsichtig sein muss.

☐ b bestimmte Ereignisse vorhersagen kann.

☐ c die Menschheitsgeschichte vorhersagen kann.

8 Die meisten Daten …

☐ a helfen bei Investitionen.

☐ b sind ein Gewinn für uns alle.

☐ c stellen wir selbst in Netz.

9 Es gibt Programme, die …

☐ a bei der Bekämpfung von Verbrechen helfen.

☐ b Diabetikern helfen.

☐ c Flugpassagiere vor Epidemien warnen.

Lesen Sie den Text und die Aufgaben 10 bis 12 dazu.
Wählen Sie bei jeder Aufgabe die richtige Lösung a, b oder c.

Wikinger – Händler und Krieger
Ein weltweites Handelsnetz von Amerika bis Konstantinopel

Ihre Kriegsführung ist legendär, ebenso wie ihre angeblich besondere Brutalität. Doch nur wenige wissen, dass die Männer aus dem Norden eher Bauern, Fischer, Jäger, Handwerker und Händler sowie hervorragende Schiffsbauer waren. Die Wikinger lebten von 800 bis 1100 in den Küstenregionen der Nord- und Ostsee und ihre Schiffe waren zu dieser Zeit die besten Europas. Damit schafften sie es, ein internationales Handelsnetz aufzubauen, was nicht einmal die Römer hatten. Selbst Bagdad und das Kaspische Meer bereisten sie. Sie gründeten an wichtigen Verkehrsknotenpunkten[1] Handelsplätze. Später jedoch begannen die Wikinger, dort auch zu siedeln, also Dörfer zu gründen. Einer der wichtigsten dieser Handelsplätze war Haithabu, im Norden von Deutschland gelegen. Der Ort bot hervorragende Bedingungen: Er lag zentral, der Boden war trocken und sandig, es gab Trinkwasser und Schiffe konnten dort gut landen. Die weltgeschichtliche Bedeutung des nordischen Handels liegt jedoch in den Dörfern und Städten, die die Wikinger im Ausland gründeten. Möglicherweise geht der Name *Russland* auf die *Rus*, die *Ruderer* zurück. So bezeichnete man im 9. Jahrhundert die Wikinger. Über die Handelsbeziehungen mit Osteuropa kamen die Wikinger beispielsweise bis Byzanz. Aber auch Westeuropa wurde von den Wikingern beeinflusst. Noch heute finden wir in der Bezeichnung *Normandie* den Begriff *Normannen*, also *Nordmänner,* wieder. Außerdem gelangten sie sogar bis Amerika und trafen dort auf die ersten Bewohner Amerikas, die Indianer. Wie diese Begegnung war, ob friedlich oder kriegerisch, weiß man allerdings nicht.
In Nordeuropa besiedelten die Wikinger von 874 bis 930 das heutige Island und gründeten das *Althings*, das bis heute älteste Parlament der Welt.

[1] *hier: Ort, an dem sich wichtige Handelswege kreuzen*

10   In diesem Text geht es um die Wikinger ...
- a als Entdecker.
- b als Händler.
- c als kriegerisches Volk.

11   Die Wikinger ...
- a hatten friedliche Beziehungen zu den Indianern.
- b nutzten ihre Schiffe zum Ausbau des Handels.
- c übernahmen von den Isländern das Parlament.

12   Haithabu ...
- a bot ideale Bedingungen für einen Handelsplatz.
- b lag nicht in der Heimat der Wikinger.
- c war die Hauptstadt der Wikinger.

Lesen Sie die Situationen 13 bis 19 und die Anzeigen a bis j aus verschiedenen deutschsprachigen Medien.
Wählen Sie: Welche Anzeige passt zu welcher Situation?
Sie können jede Anzeige nur einmal verwenden. Die Anzeige aus dem Beispiel können Sie nicht mehr verwenden. Für eine Situation gibt es keine passende Anzeige. In diesem Fall schreiben Sie 0.

Im Internet suchen folgende Personen in der Neustädter Lokalzeitung unter der Rubrik „Vermischtes" Informationen.

Beispiel:

0 Gojko ist neu in Deutschland und wohnt in Neustadt. Er braucht Hilfe beim Einwohnermeldeamt und anderen Behörden. Anzeige: *c*

13 Aylin ist Grundschülerin und möchte gern Schneiderin werden. Sie näht sehr gerne in ihrer Freizeit, möchte es aber noch besser können. Anzeige: _____

14 Zaid aus Jordanien möchte gern das lateinische Alphabet erlernen. Er hat aber erst ab 18.00 Uhr Zeit. Anzeige: _____

15 Natasha ist Studentin und möchte gern etwas Geld verdienen. Sie ist sozial sehr engagiert. Anzeige: _____

16 Manuel muss in der Schule einen Vortrag zum Thema „Jugendliche auf dem Arbeitsmarkt" halten. Er sucht noch Informationen zu diesem Thema. Anzeige: _____

17 Amelie will als ehrenamtliche Helferin im sozialen Bereich arbeiten. Anzeige: _____

18 Tanja möchte einen kreativen Beruf ergreifen. Sie sucht eine Ausbildungsstelle. Anzeige: _____

19 Lia hat ein Studium in Deutsch als Fremdsprache abgeschlossen und zahlreiche Migranten das lateinische Alphabet gelehrt. Sie sucht eine Stelle an einem Sprachinstitut. Anzeige: _____

a

DEUTSCH – ALPHABETISIERUNGSKURS
plus Deutsch als Fremdsprache
in Neustadt-Mitte

Integrationskurse
100 Unterrichtseinheiten
205 Euro
Noch freie Plätze in Vormittagskursen
Ansprechpartner: Farhumand, Allmuth
E-Mail: *info@neustadt.de*

b

Deutschlehrer (m/w) gesucht!
Für unser Sprachinstitut suchen wir
für die Morgen-Kurse
Deutschlehrer,
die ein Studium in **Deutsch als Fremdsprache** abgeschlossen haben
und Erfahrung in der **Alphabetisierung**
haben.
Infos: 0049 27 3887654

Komm zu uns!
Wir bieten Starthilfe für Ausländer

Wir helfen ausländischen Mitbürgern, sich in Neustadt einzuleben und zu integrieren. Wir geben Hilfestellung bei Behördengängen, aber auch kulturelle Tipps.
www.wirhelfendir.de

Politik erlebbar!
Am 20.12. um 19.00 Uhr lädt unser Spitzenkandidat **Jürgen Krauße** zu einer Diskussionsrunde zum Thema **„Jugend und Arbeitslosigkeit"** ein.
www.jz-neustadt.de

Helfer gesucht!
Wer hilft uns bei der Essenausgabe für Obdachlose?
Verdienst: bis 150 Euro pro Monat
Ort: Neustädter Tafel
Bewerben Sie sich unter
www.neustädter-tafel.de

Ausbildung zur/ zum Schneiderin/ Schneider
Du bist kreativ und nähst gern?
Dann lern es bei uns richtig!
Wir machen dich zum Profi!
Infos unter *www.bsn.de*

Weihnachtsfeier für Geflüchtete
Bei uns wird Integration groß geschrieben!
Wir laden am 19.12. zu einer gemeinsamen Weihnachtsfeier mit Geflüchteten ein.
Ort: Klubhaus
Zeit: 17.00 bis 21.00 Uhr
Es gibt Stollen, Glühwein und vieles mehr …

Kreativnachmittag für Kinder von 8 bis 12 Jahren
Ein schickes T-Shirt, ein Kleid für die Puppe der kleinen Schwester oder eine Stofftasche für Krimskrams - all das kann man selbst machen.
Wie? Das lernst du bei uns!
Zeit: Montag 15 bis 18 Uhr
Ort: Neues Theater

Sprachinstitut Dorenbach
Wir bieten folgende Kurse:

Englisch
Deutsch als Fremdsprache
Französisch
Spanisch
Arabisch
Alphabetisierungs-Kurse für arabische Muttersprachler, die das lateinische oder ihr eigenes Alphabet nicht beherrschen.
Vormittags-, Nachmittags- und Abendkurse

Haben kreative Berufe noch eine Chance?
Viele Jugendliche träumen von einem kreativen Beruf, wie Web- oder Modedesigner, in dem sie frei ihre Fantasie entfalten können.
Die Realität im Berufsalltag sieht aber häufig ganz anders aus.
Die **Berufsberaterin** Elli Brisko informiert dich professionell darüber, wie du deinen Traum trotzdem wahr machen kannst und welche Aussichten auf dem Arbeitsmarkt speziell für dich und dein Talent bestehen.

Lesen Sie die Texte 20 bis 26. Wählen Sie: Ist die Person für Online-Bundestagswahlen?

In einem Internetforum lesen Sie Kommentare zur Möglichkeit, vom Computer auszuwählen.

Beispiel:

0 Gerhard	~~Ja~~	Nein	23 Janka	Ja	Nein
20 Meryem	Ja	Nein	24 Monika	Ja	Nein
21 Slavoj	Ja	Nein	25 Rosa	Ja	Nein
22 Petra	Ja	Nein	26 Ernst	Ja	Nein

Beispiel:

0 Seit vielen Jahren wird beklagt, dass immer weniger Menschen wählen gehen. Deshalb muss man versuchen, die Nicht-Wähler zu erreichen und für die Anliegen der Gesellschaft zu gewinnen. Eine Online-Wahl würde das Problem des geringen Interesses an der Politik sicherlich nicht lösen, aber es wäre ein Schritt in die richtige Richtung.
Gerhard, 53, Schaffhausen

20 Das wäre doch eine gute Gelegenheit, junge Menschen anzusprechen. Gerade die junge Generation fühlt sich im Internet „zu Hause". Das würde die Wahlen attraktiver machen und vielleicht das Interesse an demokratischen Entscheidungsprozessen stärken. Warum denn nicht?
Meryem, 24, Cuxhaven

21 Dass die Menschen Interesse an der Politik haben, zeigen die vielen Blogs, Internetforen, Twitter-Kommentare usw. Der demokratische Dialog findet also schon seit Jahren auch in den sozialen Netzwerken statt. Da wären Online-Wahlen nur eine logische Folge der technologischen Entwicklung.
Slavoj, 36, Lübeck

22 Das hat gerade noch gefehlt! Die Politiker sind inzwischen vom Bundestag zu Twitter umgezogen. Anstelle einer kultivierten Debatte im Parlament beschimpfen sie sich jetzt vom Handy aus. Die demokratische Kultur leidet darunter und die Jugend will von der Politik nichts mehr hören. Und dann noch Wahlen im Internet? Das würde unsere demokratische Tradition kaputtmachen.
Petra, 62, Gelsenkirchen

23 Ich befürchte, so eine Form zu wählen, würde die älteren Wähler und Wählerinnen unnötig verunsichern. Sie haben ohnehin schon große Schwierigkeiten mit den neuen Medien und fühlen sich in dieser virtuellen Realität ganz fremd.
Janka, 46, Gotha

24 Da hört man immer das Argument, dass man dem Internet nicht vertrauen könne und dass wir die ganze Zeit vom „Großen Bruder" beobachtet würden. Wenn die Wahlen online stattfinden würden, dann könne man kontrollieren, welche Partei wir wählen. Aber: Wie soll man denn die vielen Millionen Wähler kontrollieren? Das geht technisch gar nicht. Ich glaube, man sollte nicht vor jeder Erneuerung gleich Angst haben.
Monika, 38, Berlin

25 Dass man die Wahlergebnisse fälschen kann, das weiß doch jedes Kind. Bei den traditionellen Wahlen, wo man seinen Stimmzettel in die Wahlurne wirft, gibt es wenigstens eine Kommission aus Vertretern verschiedener Parteien. Da gibt es so etwas wie eine Kontrolle. Wenn im Internet gewählt wird, kann man doch nicht sicher sein, dass alles ordnungsgemäß verläuft.
Rosa, 26, Zell

26 Ich selbst bin ein wenig altmodisch und erinnere mich gern an die Wahlsonntage. Da bin ich nach der Wahl mit meinen Freunden in eine Kneipe gegangen und wir haben im Fernsehen die Wahlergebnisse verfolgt. Bei Bier oder Wein haben wir dann über Politik diskutiert und manchmal auch gestritten. Ich fand es schön und ich möchte auch gern, dass es so bleibt. Die Stimmabgabe übers Internet finde ich irgendwie unpersönlich.
Ernst, 69, Graz

Lesen Sie die Aufgaben 27 bis 30 und den Text dazu.
Wählen Sie bei jeder Aufgabe die richtige Lösung a, b oder c.

Sie lesen in einer Zeitschrift folgende Regeln zu Small Talk im deutschsprachigen Raum.

27	Während des Gesprächs …	a	ist es in Ordnung, wenn man einfach mit „ja" oder „nein" antwortet.
		b	reicht es, wenn man zustimmend nickt.
		c	sollte man nicht nur mit einem Satz antworten.

28	Tabuthemen sind …	a	Ausflüge und Urlaubspläne.
		b	das Wetter und Hobbys.
		c	Politik und Religion.

29	Das Gespräch kann man beginnen, indem man…	a	dem Partner W-Fragen stellt.
		b	vorbereitete Fragen stellt.
		c	z.B. über den Ort der Veranstaltung spricht.

30	In der ersten Phase sollte man zuerst…	a	abwarten, was der andere tut.
		b	den anderen begrüßen und sich selbst vorstellen.
		c	den anderen nach seinem Namen fragen.

Small Talk

Wer im deutschsprachigen Raum mit Fremden ins Gespräch kommen will, sollte einige Regeln beachten.

Die ersten Schritte: Der erste Schritt ist ein Gruß, wie „Guten Abend! Ich sehe, Sie stehen hier allein da …" Danach sollte man sich kurz mit Vor- und Nachnamen vorstellen. Der letzte Schritt in dieser Phase ist die Bezugnahme auf die Situation, wie „Wie haben Sie von dieser Veranstaltung gehört?" Damit geben Sie Ihrem Gegenüber genug Gelegenheiten, sich selbst vorzustellen und „aufzutauen".

Der Start: Es gibt nicht den einen ersten intelligenten Satz. Aber man kann sich auf ein Gespräch gut vorbereiten. Stellen Sie sich offene Fragen, sogenannte W-Fragen: Was könnte mich am Gesprächspartner interessieren? Was weiß ich bereits von ihm/ihr? Welche Themen passen? …
Versuchen Sie, Gemeinsamkeiten zu finden. Das können z.B. der Ort und der Anlass sein, der sie zusammengebracht hat. Oder die schöne Atmosphäre des Restaurants oder Theaters. Fragen Sie Ihren Gesprächspartner nach Empfehlungen für Restaurants oder Aktivitäten. Sie können das Gespräch aber auch mit einem Kompliment beginnen, so haben Sie schon etwas Sympathisches gesagt.

Zuhören: Sie sollten unbedingt aktiv zuhören, also nicht nur nicken oder „ja" oder „nein" oder „hmmm" sagen. Versuchen Sie, auf eine Frage mit mehr als nur einem Satz zu antworten. Gehen Sie auf den Gesprächspartner ein, indem Sie vorher Gesagtes wieder aufgreifen: „Sie hatten vorhin erwähnt, dass …"

Themen: Die Liste der Themen, über die Sie sprechen dürfen, ist lang. Allerdings gibt es auch Tabuthemen, welche sich von Land zu Land unterscheiden. Themen, die man in allen Kulturkreisen vermeiden sollte, sind: Politik, Religion und oft auch bestimmte Sportarten. Es könnte zum Problem werden, wenn Sie und Ihr Gesprächspartner Fans unterschiedlicher Fußball-Mannschaften sind.
Vermeiden Sie alles Negative bei einem Small Talk – auch wenn es Gemeinsamkeiten sein könnten, wie die Verspätung oder der Ausfall von Flügen. Das Wetter gibt immer einen Anlass zum Gespräch, denn hier kann man gut zu anderen Themen überleiten wie Urlaubspläne, Hobbys, Ausflüge.

Das Gespräch beenden: Ein Small Talk muss nicht endlos lang sein. Sie können das Gespräch beenden, indem Sie sagen: „Unser Gespräch hat mir viel Spaß gemacht, aber Sie entschuldigen mich, denn ich sehe gerade einen anderen Gast, den ich gerne begrüßen möchte …" Ausreden wie: „Ich möchte mir mal kurz die Hände waschen" sind unglaubwürdig und nicht gerade elegant. Sie könnten aber auch Ihrem Gesprächspartner eine dritte Person vorstellen, wenn Sie glauben, dass diese beiden von den Interessen her zusammen passen könnten.

NOTIZEN

NOTIZEN

Bildquellennachweis

16.1 (WhiteHaven); Getty Images, München: **22** (domin_domin); Shutterstock, New York: **.136** (rob zs); **6** (Photo Melon);
7 (photomaster); **8** (vblinov); **13** (Blazej Lyjak); **15** (Pressmaster); **16.2** (franz12); **19** (Thomas Bethge); **20** (Pressmaster); **21** (wavebreakmedia);
58/59 (tefi); **26** (mantinov); **27.2** (WAYHOME studio); **35** (SARAVOOT LENG-IAM); **36.1** (Asvolas); **36.2** (Ruth Black); **36.4** (jalcaraz); **36.5** (Lotus Images);
36.6 (Svitlana-ua); **36.7** (urfin); **36.8** (MJgraphics); **36.9** (Madlen); **40** (GlobalTravelPro); **41.1** (photos and vector); **41.2** (Wasan Ritthawon); **43** (dean
bertoncelj); **45** (Raffel); **46** (Monster Ztudio); **47** (Oko Laa); **47.2** (Andrey_Popov); **49.1** (VGstockstudio); **49.3** (YAKOBCHUK VIACHESLAV); **49.4** (Oksana
Kuzmina); **49.5** (Solis Images); **50** (kurhan); **54** (lidante); **55** (baibaz); **60** (Elena Shchukina); **64** (REDPIXEL.PL); **65** (ScottYellox); **66** (Radachynskyi Serhii);
69 (Tatiana Popova); **75** (Folya); **76** (alphaspirit); **78** (Costa Fernandes); **79** (pio3); **81** (Claudio Divizia); **83** (Creative Thoughts); **84**; stock.adobe.com,
Dublin: (monticellllo); **85** (conejota); **89** (Gints Ivuskans); **90** (Kozhukalo Volodymyr); **92.1** (tovovan); **93** (Lavandaart); **95** (Tamara Tas); **97** (testing);
98 (Jan Zabrodsky); **99** (footageclips); **103** (KevinWood); **104** (MNStudio); **106** (PaulPaladin); **107** (ShutterStockStudio); **109** (Ollyy); **110** (image bird);
113 (undso.co); **114** (Far700); **115** (Marcel Conrad); **119** (stockfour); **121** (Eugenia Petrovskaya); **122** (Sergey Nivens); **123** (Supphachai Salaeman);
127 (Sergey Nivens); **128** (Hi-Vector); **129** (Aleksandar Kamasi); **133** (iconriver); **134** (Irina Adamovich); **137** (Hadrian); **138** (katatonia82); **141** (Rainer
Lesniewski); **142** (Oleksiy Mark); **143** (Andrey_Kuzmin); **147** (Maxx-Studio); **148** (Robert Kneschke);